KB253653

엄마의 말이 아이의 인생을 바꾼다

하타노 미키 지음 | 김주영 옮김

엄마의 말이 아이의 인생을 바꾼다

지은이 **하타노 미키**   옮긴이 **김주영**
초판 1쇄 발행 | 2007년 6월 18일
초판 5쇄 발행 | 2009년 9월 22일

KODOMO GA 1SHUKAN DE KAWARU OYA NO 「KONO HITOKOTO」

Copyright © 2003 by *Miki Hatano*
Korean translation rights arranged with MIKASA SHOBO CO., LTD.
through Japan UNI Agency, Inc., Tokyo and Korea Copyright Center Inc., Seoul

Korean Copyright © 2007 by GoodSeed Publishing company
4F Deokseong building, 2–30, Yangjae–dong, Seocho–Gu,
Seoul, Korea

이 책의 한국어판 저작권은 (주)한국저작권센터(KCC)를 통한 저작권자와의 독점계약으로 좋은씨앗에 있습니다.
저작권법에 의해 한국 내에서 보호를 받는 저작물이므로 무단 전제와 무단 복제를 금합니다.

펴낸이   **신은철**
펴낸곳   **도서출판 좋은씨앗**
        1999.12.21 등록 / 제4-385호
        서울시 서초구 양재동 2-30번지, 덕성빌딩 4층 (137-130)
전화   02) 2057-3043 (편집부) / 02) 2057-3041 (영업부)
팩스   02) 2057-3042
홈페이지 www.gsbooks.org
이메일   sec0117@empal.com

ⓒ 좋은씨앗, 2007

ISBN 978-89-5874-085-8 03590
책값은 표지에 있습니다
Printed in Korea

엄마의 말 한 마디로 아이는 눈부시게 발전한다!

C·O·N·T·E·N·T·S

엄마의 말에 담긴 놀라운 힘!

"자동차에 대해서 이렇게 많이 알다니 놀라운걸!"

"기특하게도 엄마를 도와주려고 했구나, 고마워!"

"이렇게 어려운 글씨도 쓸 줄 알아? 정말 대단하다!"

여러분은 하루에 이런 말을 아이에게 몇 번이나 하나요?

어떤 점이라도 좋습니다. 사소한 일이라도 구체적으로 칭찬해주면, 아이는 점점 자신감을 갖고 마음껏 자신의 개성과 정신을 성장시켜 나갑니다.

반대로, 아래와 같은 말 한마디로 아이의 가능성을 빼앗은 적은 없는지요?

"꾸물거리지 말고, 빨리 해!"

"조용히 하지 못하겠니!"

"넌 언제까지 울기만 할래?"

부모가 무심코 던진 말 한마디가 아이에게 얼마나 큰 의미를 주는지, 의외로 부모들은 신경 쓰지 않고 지냅니다. 그러나 말 한마디가 아이를 바르게 자라게도, 모나게 자라게도 합니다.

아이의 언어 능력이나 표현 능력은 부모가 어떻게 아이의 말에 귀를 기울이냐에 달렸습니다. 무언가에 대해 말하려고 할 때, 아이는 잘하려고 하면 할수록 혼란에 빠져 말을 두서없이 합니다. 그럴 때 엄마가 답답하고 초조한 마음을 누그러뜨리고 "그래, 그래서 어떻게 됐는데?"라고 묻는다면, 아이는 차츰 조리 있게 말하는 기술을 배웁니다. 반대로 "바쁘니까 빨리 말해!"라고 하면, 아이는 성장할 기회를 놓칠 뿐 아니라 자기 마음을 부모에게 전하는 걸 귀찮게 여기게 됩니다.

이 책에는 아이와 함께 만나는 여러 상황 속에서 아이에게 어떤 말을 해줘야 하는지, 또 어떤 말이 아이에게 상처가 되는지 구체적으로 소개했습니다.

어려운 내용은 하나도 없습니다. 우리가 늘 쓰는 말을 보다 바람직한 말로 바꾼 것뿐입니다. 이것만으로도 부모와 아이의 관계가 얼마나 놀랄 만큼 바뀌는지 여러분도 경험하시길 바랍니다.

1장 엄마의 긍정은 아이를 성장시킨다!

아이가 '열중하는 일'은 이렇게 칭찬해주자

부모라면 누구나 자기 아이가 자신감을 갖길 원한다. 자신감 있는 아이로 키우기 위해서는 무엇보다 아이의 재능을 길러줘야 한다.

그러나 부모들은 어찌된 일인지 아이의 결점만 본다. 물론 자기 자식이 더 잘 되길 바라는 마음에서 그럴 것이다. 하지만 이런 환경에서는 아이가 자신의 재능을 찾지 못한다. 늘 결점만 지적받아온 아이는 자신의 결점에서 헤어나오지 못하기 때문이다.

아이의 재능을 찾으려면 아이가 잘하는 것을 찾아 칭찬해줘야 한다. 부모에게 인정받고 칭찬받은 아이는 점점 그 재능을 키워나간다. 이렇게 재능을 키워나가다 보면, 결점이었던 면도 차츰 줄어들다 자연스럽게 사라진다.

'재능'은 학교 성적만을 말하는 것은 아니다. 반에서 달리기를 제일 잘한다든가, 자동차라면 누구 못지않게 잘 안다든가, 지하철 노선이나 역 이름, 발차시간을 모두 외우고 있다든가, 어떤 일이든 상관없다.

아이 자신이 '이거라면 어느 누구한테도 지지 않아'라고 생각하는 게 중요하다. 이런 생각은 자신감으로 연결되고, 자신감은 아이를 더욱 강하게 만든다. 물론 친구들이 관심 없어 하는 일을 자기 혼자 신났다고 떠들어 대도 곤란하겠지만 … .

비록 학교 교과목이나 성적과는 상관 없더라도 당신의 아이가 열중하는 일이 있다면, 그 일을 인정하고 칭찬해주자.

한 가지 일에 열중하다 보면, 그 밖의 다른 일에도 관심의 폭이 넓어진다. 또 자신감도 생긴다. 그러면 공부에도 집중하게 마련이다. 아이가 공부 말고 다른 일에 열중한다 해도 "그런 거 할 시간 있으면 공부나 해!"라는 말은 절대로 하지 말자.

실패한 아이에게는 도전 정신을 칭찬해주자

칭찬할 때에는 말로만 건성으로 하지 말고, 진심으로 해야만 아이의 마음에 전해진다.

아이는 엄마의 심경 변화에 민감하다. 엄마가 자신을 진심으로 칭찬하는지, 그냥 건성으로 하는지 금세 알아차린다. 진심이 없는 칭찬은 아이의 마음을 움직이지 못한다. 아이가 초등학생이라면 진심어린 마음으로 칭찬을 하면서 안아주거나 어깨를 쓰다듬는 등 가벼운 스킨십을 함께 하는 것도 좋다.

물론 아이가 하는 일이 언제나 잘 되리란 법은 없다. 때로는 실패하기도 한다. 만약 결과가 나쁘게 나왔다 하더라도 아이의 의욕과 노력을 인정하고 칭찬해주자.

예를 들어 아이가 엄마를 돕고 싶은 마음에 설거지를 하다 부엌을 더 엉망으로 만들어 놨다고 하자. 그때 "왜 쓸데없는 짓을 해서 일을 더 만들고 그래!"라고 결과를 혼내지 말고, "기특하게도 엄마를 도와주려고 했구나, 고마워!"라는 말로 아이가 가졌던 의욕을 칭찬해주자. 엄마가 기뻐하면 아이도 기뻐한다. 아이는 자기가 세상에서 제일 좋아하는 엄마를 기쁘게 해주려고 더욱 잘 하려는 마음을 갖는다.

실패했을 때 가장 중요한 점은, 어떻게 했으면 좋았을지 아이와 함께 생각해보는 일이다. 이런 과정을 거치면 다음에는 좋은 결과가 나오고, 더불어 자신감도 생긴다. 자신감이 있으면 어떤 일에든 적극적으로 임하는 자세도 생긴다.

결과가 더딘 아이에게는 어떤 말이 좋을까?

운동이든, 공부든, 음악이든 아무리 열심히 연습해도 늘지 않는 시기가 있다.

피아노나 발레를 배운 적이 있는 사람이라면, 처음 배우기 시작했을 때는 연습한 만큼 실력이 쑥쑥 느는데 반해, 어느 정도 수준에 도달하면 아무리 열심히 해도 늘지 않는 경험을 해봤을 것이다. 이것을 '플라토(고원) 현상'이라고 한다. 운동이나 악기, 외국어 등을 배우는 과정에서 자주 일어나는 현상이다.

플라토 현상은 아이의 발달과정에도 일어난다. 산을 오르듯이 눈에 띄게 성장을 하는 시기 뒤에는 한동안 그 자리에 머무르는 정체의 시기가 나타난다. 일보전진, 일보정체, 일보후퇴의 주기가 반복되며 계속 늘기만 하는 경우는 없다.

열심히 하는데도 생각만큼의 결과가 나오지 않으면, 아이 본인도 상당히 초조해하고 그 모습을 지켜보는 부모도 괴로워한다. 하지만 부모가 아이와 마찬가지로 초조해하는 건 아이에게 좋지 않다. 그럴 때는 아이에게 한마디 조언을 해주자. 사람은 어떤 일에 너무 열중하다 보면 자신이 잘못된 방향으로 가고 있어도 깨닫지 못한다. 그때 엄마가 객관적인 눈으로 조언을 해준다면, 아이는 자신이 미처 생각하지 못한 점을 깨닫고 한층 넓은 시각으로 사물을 바라본다.

이와 같은 조언으로 아이는 슬럼프를 극복하기도 하고, 일이 잘 풀리지 않을 때는 다른 방법이 있는지 생각해 보는 자세를 배우기도 한다.

정체나 후퇴를 하면 '나한테 재능이 없는 건 아닐까?' 하는 생각에 자신감을 잃기 쉽다. 하지만 플라토 현상은 더 힘찬 도약을 위해 힘을 모아두는 시기이다. 이 점을 알고 있으면 제자리걸음에 고민하는 시기가 오더라도 비교적 쉽게 극복하지 않을까?

잘하는 일을 살려주자. 그럼 못하는 일도 하게 된다

얼마 전, 텔레비전에서 미국의 한 발레단을 소개했는데, 그곳에서는 휠체어를 탄 발레리나가 활동하고 있었다. 아마도 세계 유일의 발레단일 듯싶다. 두 다리를 쓰지 못해 휠체어를 타고 생활하는 사람이 발레리나로 무대에 오르다니 놀랍기 그지없다. 주인공 여성은 현재 49세로 이 발레단의 현역 프리마돈나 겸 단장이다.

그녀는 어릴 때부터 발레를 했다. 프리마돈나를 꿈꾸며 매일 고된 레슨을 받았다. 그러던 어느 날, 그녀에게 기회가 찾아왔다. 발레 공연에서 주역으로 뽑힌 것이다. 만일 공연이 성공한다면 브로드웨이 진출도 가능하다는 말까지 들었다. 그녀는 브로드웨이 진출을 목표로 매일매일 열심히 연습에 몰두했다.

그러던 어느 날 밤, 연습을 마치고 돌아가는 길에 계단에서 발을 헛디뎌 떨어지는 사고를 당했다. 구급차에 실려 병원으로 이송되어 생사의 기로를 넘나들었지만 다행히 목숨만은 건졌다. 그러나 그녀에게는 잔인한 운명이 기다리고 있었다. 무대에 서기 위해 재활치료에 열심이던 그녀에게 담당 의사는 이렇게 말했다. "발레는 고사하고 걷는 것도 불가능합니다. 평생 휠체어 생활을 하셔야 합니다."

실의에 빠져 있던 그녀는 과일 옆에 놓인 과도로 자살을 기도하려 했다. 다행히 그녀를 헌신적으로 간병해온 남자친구가 발견해서 막을 수 있었다. 그는 그녀에게 이렇게 말했다. "불가능한 일 때문에 슬퍼하지 말고, 할 수 있는 일이 무엇인지 생각해보자."

그는 어느 날, 라디오에서 나오는 음악에 맞춰 상반신만으로 춤을 추는 그녀를 보았다. 음악을 듣는 순간, 그녀의 몸 속에서 잠자던 무언가가 자신도 모르게 눈을 뜬 것이다. 오랜 기간 연습으로 다져온 몸과 아름다운 팔의 움직임, 리듬감, 발레에 대한 열의는 그대로였다.

그는 그녀에게 말했다. "네가 할 수 있는 건 춤이야." 그녀는 그의 말을 듣고 살아갈 힘을 되찾았다고 한다.

얼마 뒤, 두 사람은 결혼했고 그녀는 휠체어를 탄 발레리나의 모습으로 단원을 모아 발레단을 만들었다.

그리고 현재는 세계 각지를 돌며 공연할 정도가 됐다고 한다.

우리들은 없는 것에 대해 갈망하는 경향이 있다. 이미 없어진 것을 한탄하며 슬픔에 빠져 있지 말고 내가 할 수 있는 일,

내게 남겨진 일이 무엇인지 생각하고, 그것을 살리기 위해 적극적으로 행동하는 편이 행복을 향한 지름길이 아닐까?

아이를 키우는 일도 마찬가지이다.

아이가 잘 하지 못하고 재능이 없는 면만을 질책하며 "더 잘해야지!" "열심히 해!" 라고 하는 것보다, 아이가 잘 하고 좋아하는 것을 인정하고 칭찬하며 격려해주는 편이 아이를 위해 훨씬 바람직한 일이다.

칭찬을 하면 재능이 자라나고, 재능이 자라나면 자신감이 붙는다. 신기하게도 자신감이 생기면, 못했던 일에도 의욕이 생겨 도전해 보게 된다. 그 결과, 전에는 못했던 일도 차츰 나아진다.

열린 질문 vs 닫힌 질문

대화는 캐치볼이나 테니스의 랠리와 같다. 공을 잘 던져주면 상대방도 받기 편하고, 상대방 역시 치기 좋은 공을 던져준다. 서로가 서로에게 공을 잘 던져주면 랠리는 오래 지속된다. 반대로 공을 잘못 던져주면 즉, 야단이나 고함을 치면 아이도 반발하거나 반항한다.

그럼 부모가 어떤 말을 건네야 부모와 아이 사이에 좋은 대화의 랠리가 지속될까?

대화는 말하는 사람과 듣는 사람이 따로 없이 말을 주고받는 행위이다. 그런데도 부모가 되면 아이에게 일방적으로 명령하거나 지시하는 일이 많아진다. 이런 식으로는 대화를 지속하지 못한다. 아이는 잠자코 부모의 말을 듣거나 반발을 할 뿐이다.

이렇게 되지 않으려면, 부모는 아이가 대답할 만한 질문을 던져야 한다. 그래야 부모와 아이 사이에 대화가 지속된다. 그럼 아이가 대답할 만한 '질문'은 대체 어떤 것일까? 질문에는 두 가지 종류가 있다.

하나는 "밥 먹었어?" "오늘 밖에 나가니?"와 같이 "네" "아니요"로 대답하게 하는 질문이다. 이것을 '닫힌 질문'이라고 한다. 이런 식의 질문이라면, 아이는 "응"이나 "아니"로 대답하기 때문에 대화는 바로 끝나버린다.

한편, "네" "아니요"로 대답하지 못하는 질문이 있다. "저녁에 뭐 먹고 싶니?" "오늘은 어디 나가는데?"와 같은 질문이다. 이것을 '열린 질문'이라고 한다. 아이와 대화를 할 때는 '열린 질문'을 하자.

먼저 어떤 일이 있었는지 사실관계를 묻는다. 그 뒤에 "넌 이 점에 대해 어떻게 느끼고 생각하는데?" "어떻게 하고 싶었어?"와 같이, 아이가 자신의 감정이나 생각을 얘기할 만한 질문을 한다. 나아가 "네가 그렇게 했으면 어떻게 됐을 것 같은데?"라든지, 그 일에 대해 "앞으로 어떻게 됐으면 좋겠니?"와 같은 질문도 해보자.

어릴 때부터 이런 식의 질문에 대답하다 보면 아이는 조리 있게 말하고 생각할 줄 안다. 즉, 어떤 순서로 어떻게 말을 해야 자기가 보고 체험한 일을 상대방에게 정확히 전달할지, 또는 자신의 감정이나 생각을 전달할지 알게 된다.

말하기, 듣기 능력은 어떻게 키울까?

우리들은 토론에 매우 약하다.

하타노 패밀리 스쿨에는 초등학생 대상 수업으로 '표현력 업 교실'이 있는데, 여기서는 다음과 같은 수업을 하고 있다.

두 명의 아이가 작은 칸막이를 사이에 두고 앉는다. 두 사람 모두에게 같은 색깔, 같은 개수의 블록을 주고 한 아이에게 자신이 좋아하는 모양을 만들게 한다. 그리고 자신이 만든 블록을 상대 아이에게 보여주지 않고, 설명만으로 상대 아이가 똑같은 모양을 만들도록 한다.

다 만들고 나면 칸막이를 걷는다. 두 사람 모두 같은 모양을 만들었다면 설명했던 쪽도 정확했고, 듣는 쪽도 상대방의 말을 이해했다는 말이 된다. 처음에는 거의 대부분 아이들이 같은 모양을 만들지 못한다. 그럴 때는 어떤 부분의 설명이 이해가 안 갔는지, 어떻게 얘기했더라면 좋았을지 대화하도록 한다.

이것은 말하기, 듣기 훈련이다. 설명하는 아이는 상대 아이를 이해시키 위해서 어떻게 말하면 좋을지 생각해야 한다. 듣는 아이도 상대 아이가 어떤 말을 하고 싶은지, 이야기의 요점은 무엇인지 주의하며 들어야 한다. 이것은 사적인 일상 대화에서도, 공적인 회의에서도 매우 중요한 요소이다.

우리는 흔히 가족이니까, 친구니까 말하지 않아도 알 거라고 생각하는 경향이 있다. 하지만 아무리 부부 사이라도, 부모 자식 사이라도, 말하지 않으면 상대방의 마음은 절대로 모른다.

다양한 민족이 어우러져 사는 미국은 말하기, 듣기를 매우 중요하게 여긴다. 유치원이나 초등학교에는 '쇼우 앤드 텔(show and tell)'이라는 수업이 있다. 아이들이 차례대로 반 친구들 앞에 나가 어떤 사물을 보여주며 말하는 시간이다. 차례가 된 아이는 며칠 전부터 준비를 한다. 무엇에 대해 말을 할지, 그러기 위해서는 뭘 준비해야 할지, 어떻게 말해야 친구들이 이해하기 쉬울지에 대해 차근차근 검토한다.

만약 자기가 기르는 개에 대해서 이야기하고자 한다면 개의 사진이나 그림을 친구들에게 보여주며 개의 이름은 무엇이고,

어떻게 기르게 됐고, 언제부터 길렀으며, 누가 어떻게 돌봐주고 있는지, 자랑거리는 무엇인지 등등 다양한 면에서 이야기를 한다. 어떤 표현을 써서 이야기해야 개의 생김새나 자신의 마음이 전해질지 생각해 각각 연령에 맞는 방식으로 발표한다.

이야기를 듣는 아이들도 질문을 하면서, 발표하는 아이를 보다 잘 이해하기 위해서는 어떤 부분을 주의 깊게 들어야 좋은지에 대해서 배운다.

맞장구 치기

현재 일본과 한국의 학교에서는 말하기·듣기 수업이 거의 이루어지지 않는다. 그러므로 이런 능력은 가정에서 부모가 가르치고 길러줘야 한다. 아이의 표현 능력을 키우기 위해서는 부모의 적절한 '맞장구'가 필요하다.

아이는 유치원이나 학교에서 다양한 체험을 한다. 그것을 빨리 엄마나 아빠에게 말하고 싶어 한다. 집에 오자마자 엄마가 일을 하든 말든 상관없이 "엄마 있잖아, 오늘 말이야. 이런 일이 있었는데 …" 하고 이야기를 시작한다.

그럴 때는 반드시 아이를 바라보며 이야기를 들어줘야 한다.

아무리 식사준비로 바쁘더라도, 재미있는 방송을 보고 있더라도 잠시 행동을 멈추자.

처음에는 말을 제대로 하지 못하고 막히거나 더듬거릴지도 모른다. 그렇다고 "무슨 말을 하는지 하나도 모르겠어" "바쁘니까, 빨리 말해!" 하며 재촉하거나, 중간에 아이 말을 가로막아서는 절대로 안 된다. "그래? 그래서 어떻게 됐는데?" "거기라면, 빵집 옆에 말이니?"라는 식으로 가끔씩 맞장구를 치거나 질문을 해서 말하기 쉬운 분위기를 만들어줘야 한다.

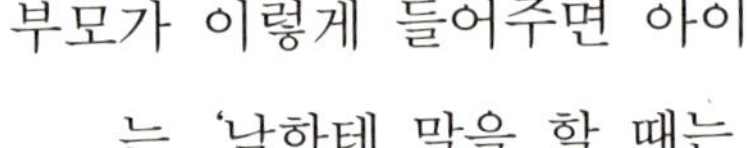

부모가 이렇게 들어주면 아이는 '남한테 말을 할 때는, 이런 순서로 이렇게 말을 해야 얘기가 통한다는' 것을 조금씩 배워간다. 엄마와 이런 대화를 주고받으며 성장한 아이는 표현력이 풍부한 아이로 자라난다.

말 잘 들어야 착한 아이?

"이상적인 아이의 모습은?" "착한 아이의 이미지는?" 에 대해 설문조사를 해보니, 3위 안에 반드시 드는 대답이 "말 잘 듣는 아이"였다. 과연 말을 잘 듣는 게 좋은 일일까? 반면, 문제를 일으킨 중학생, 고등학생 자녀를 둔 부모에게 자녀의 어린 시절을 물으면 "말 잘 듣고 착한 아이였는데 어쩌다 …"라고 대답하는 경우가 많다.

물론, 말을 잘 듣는 건 나쁜 일이 아니다. 하지만 매번 무슨 일이든 남의 말을 따른다면 문제가 있다고 본다.

아이가 말을 듣지 않거나 반발을 하면 "잠자코 엄마 말 들어!" "조그만 게 어디서 버릇없이 굴어!" 라고 혼내는 부모가 많다. 그러나 아이가 부모 말을 듣지 않거나 반항을 하는 건 자기 주장을 펴는 것이다. 부모의 생각을 자신에게 강요하려는 부모를 향해 '난 엄마, 아빠하고 달라요! 나도 내 생각이 있고 하고 싶은 게 있단 말이에요. 그러니까 엄마 아빠가 시키는 대로는 하지 않겠어요!' 라고 호소하는 것이다. 개인적으로 이것이 가능한 아이가 그렇지 않은 아이보다 훨씬 좋다고 생각한다.

수년 전, 일본의 초등학생이 협박을 받고 100만 엔, 한국 돈으로 천만 원에 달하는 거금을 뺏긴 사건이 있었다. 현재 하고 있는 전화 상담에서도 이렇게 큰 돈은 아니지만 비슷한 문제로 고민하는 엄마들의 전화를 많이 받는다.

몇 가지 예를 들면, 고등학생 아들이 동급생한테 시계를 빌려달라는 부탁을 받고 빌려준 뒤 돌려받지 못하고 있다든가, 선배한테 새로 산 지갑을 헌 지갑하고 강제로 교환당했다든가, 교통카드를 빌려달라고 해서 빌려줬다가 받지 못했다든가 등등, 돈으로 따지면 그다지 큰 액수는 아니지만 이들의 공통된 점은 모두 남의 말을 따랐다는 점이다.

물론, 돈이나 물건을 뺏은 쪽이 나쁘다는 건 말할 것도 없다. 그러나 피해를 입은 쪽에서 "싫어" "하지 마"와 같은 말을 못했다는 점도 문제가 아닐까?

또, 당한 아이의 부모도 상대 아이가 누군지 알면서도 학부모 모임에서 상대 아이의 부모를 만나면 아무 말도 못 한다고 한다. "저도 아들과 마찬가지로 보복이 두려워요"라고 울며 상담하는 엄마도 있었다. 이 엄마들의 얘기를 들으면서 싫은 일을 당했을 때는 분명하게 '싫어!'라고 말하는 교육을 어릴 때부터 확실히 시키는 게 얼마나 중요한 일인지 절실히 느꼈다.

아이의 말에 귀를 기울이면 자기주장을 펴는 아이로 자란다

싫은 감정을 확실히 표현하고 자기 주장을 펼 줄 아는 아이로 키우려면, 먼저 아이의 주장에 귀를 기울이는 부모가 되어야 한다. 물론 처음에는 아이의 주장이 유치하고 자기 중심적일 수도 있다. 그러나 아이 의견을 억압해서는 안 된다. 아이가 자기 스스로 생각하고 표현했다는 데 대해 인정해줘야 한다. 그 다음에 어떤 부분이 어떻게 틀렸는지 부모의 생각을 말하도록 하자.

부모가 한번 얘기했다고 아이가 바로 납득하지는 않는다. 이럴 때는 어디가 어떻게 자신의 생각과 다른지 아이의 말을 들어주자. 서로의 의견을 말하고 듣다 보면, 상대방이 어떤 생각을 하고 있는지 알게 된다.

우리는 사람과 관계를 맺으며 살아간다. 그러므로 자신의 생각이나 기분을 확실히 상대방에게 전달하고, 어려움이 닥치면 도움을 청하고, 싫을 때는 분명히 싫다고 하고, 자신의 마음을 솔직하게 전달할 줄 알아야 한다. 반대로, 상대방의 기분이나 생각을 정확하게 받아들이는 능력도 필요하다. 이런 능력을 키우려면 아이와 의견을 주고받으며 대화를 즐겨야 한다.

공부보다 놀이나 심부름이 두뇌를 단련시킨다

부모라면 누구나 자기 자식을 똑똑한 아이로 키우고 싶어 한다. 그렇다면 똑똑하다는 말은 어떤 뜻일까? 뇌가 무거울수록, 뇌의 주름이 많을수록 좋다고 말하던 시절이 있었지만, 현대는 뇌의 연락망이 많을수록 좋다고 한다. 뇌의 신경세포를 잇는 연락망이 촘촘하고 복잡할수록 정보가 많이 모이기 때문이다.

그럼, 어떻게 해야 뇌의 연락망이 늘어날까?

그것은 다양한 경험을 통해 얻어진다. 경험을 하면 그 흔적이 연락망으로 연결된다고 한다.

예를 들어, 우리는 레몬을 보면 입 안에 침이 고인다. 그것은 레몬을 먹었을 때 신맛 때문에 침이 나왔던 경험이 있어서 신 음식을 먹으면 침이 나온다는 점을 알고 있기 때문이다.

우리들은 다양한 체험을 통해 살아가는 데 필요한 지식을 습득하는데, 체험에는 '직접 체험'과 '간접 체험'이 있다.

직접 체험이란, 레몬은 신 맛이 난다는 것처럼 실제 체험으로 깨닫는 '체험적 지식'이다. 이것은 놀이나 심부름을 통해 얻어진다.

한편, 간접 체험은 책이나 텔레비전, 학습을 통해 습득하는 지식으로 '법칙적 지식'이다. 즉, 머리로 배우는 지식이다. 레몬을 다시 예로 들면, 레몬을 먹어본 적이 없는 아이에게 레몬을 보여주며 "레몬은 시기 때문에 이걸 먹으면 침이 고여"라고 가르친다고 해보자. 이 경우, 몇백 번을 가르쳐도 결코 침은 고이지 않는다.

레몬에 대한 두 가지 지식의 차이가 바로 직접 체험을 통해 얻는 체험적 지식과, 간접 체험을 통해 얻는 법칙적 지식의 차이이다.

수영을 예로 들어보자. 당신은 어떻게 수영을 배웠는가? 아마 수영교실에서 배운 사람이 대부분일 것이다. 모두 수영을 배우기까지 물을 먹었던 괴로운 기억이 있을 것이다. 이것이 직접 체험이다.

한편, 교실에 앉아 "수영을 하려면 손을 쭉 뻗고 엎드려서 양쪽 다리로 물장구를 치면서 … " 하는 수업을 들으며 간접 체험을 한다 해도, 수영을 하는 사람은 없다. 수영에 대한 상식이야 쌓이겠지만, 물을 먹고 허우적대면서 배우는 편이 훨씬 빨리 수영을 배운다.

직접 체험과 간접 체험의 차이를 간단히 말하면 체험과 이론의 차이이다.

이 두 가지 지식은 전혀 다르기 때문에 한쪽 지식만으로 양쪽을 모두 커버할 수 없다. 양쪽 지식의 균형 있는 발달이 가장 바람직하다. 우리 인간의 일생은 한정되어 있기 때문에, 직접체험만으로 많은 정보나 지식을 얻는 건 불가능하다. 그래서 이 점을 보충하기 위해 간접체험을 이용하는 것이다.

그러나 지금은 아이들이 뛰어 놀 장소가 줄어들어 어린 시절 충분히 놀지 못하고, 부모의 과보호 아래 심부름 하나 제대로 하지 않은 채, 어른이 되어버린 사람들이 많이 있다. 게다가 놀이나 심부름보다는 어릴 때부터 공부를 시키려는 부모가 늘어난 탓에 요즈음 아이들은 직접 체험을 할 기회가 줄어들었다.

현재 아이들에게 일어나는 여러 가지 문제들의 원인은, 이와 같은 직접 체험의 기회가 줄었기 때문이 아닐까? 아이에게는, 특히 어릴 때에는, 좀 더 많은 직접 체험의 기회를 만들어줘야 한다.

놀게 하라

"아이의 생활은 놀이다"라는 말이 있듯이 아이는 놀이를 통해 다양한 일을 배운다. 도구를 쓰고 뛰어다니면서 몸의 근육을 발달시키고, 공을 던지고 자전거를 타면서 손발의 균형감각을 기른다. 또, 종이접기를 하고 크레파스나 가위를 쓰면서 손가락 근육을 발달시킨다. 쓸모없는 놀이는 없다. 어른들이 볼 때는 아이가 하는 놀이들이 하찮게 보이겠지만 아이의 발달에는 매우 중요하다.

놀이는 아이의 지적 발달에도 중요한 의미를 갖는다. 예를 들어, 아이가 뛰어 다니는 행동은 뇌의 발달에 커다란 영향을 미친다. 아이는 놀이를 통해 다양한 것을 보고, 냄새를 맡고, 소리를 듣고, 만져 보고, 물건에 따라서는 핥아보는 등 오감을 총동원하여 자신을 둘러싸고 있는 환경에 대해 알아간다.

또 한 가지, 놀이는 자발적인 행동이다. 부모나 다른 누가 시켜서 억지로 하는 행동이 아니다. 자기가 적극적으로 즐기며 한다는 점이 놀이의 훌륭한 점 중 하나다.

여기서 뇌를 발달시키는 구체적인 놀이에 대해 생각해보기로 하자.

아무런 규칙이 없는 장난이 있다. '안기기' '잡아당기기' '매달리기' '부딪치기' '치고받기' '구르기' 등이 이에 해당된다. 강아지나 새끼 고양이의 놀이를 떠올리면 이해하기 쉽다. 새끼들은 자기들끼리 뒹굴기도 하고, 엄마 꼬리를 물기도 하고, 뛰어다니기도 한다. 이런 장난은 대뇌 성장에 큰 효과가 있다고 한다. 유아기 때는 규칙 있는 운동보다, 규칙 없이 스킨십이 섞인 놀이를 많이 시키는 것이 좋다. 이것은 아이가 초등학생이 됐을 때, 교실에서 몇십 분 동안 앉아서 공부하는 힘으로 이어진다.

아이에게 결정권을 주면 사고력이 길러진다

자기 스스로 생각하는 아이로 키우려면, 평상시 작은 일이라도 스스로 결정하도록 해야 한다. 이것만으로도 사고력은 충분히 길러진다.

여기서 '작은 일'이란 어떤 일이든 좋다. 만일 아이가 어리다면 스스로 식단을 짜게 하는 것도 좋다. 처음에는 자기가 좋아하는 음식만을 말할지 모른다. 그래도 아이가 정하면 그대로 만들어주자.

이 일이 익숙해지면 자기가 좋아하거나 먹고 싶은 음식만이 아닌, 가족 모두가 좋아하는 음식, 어제와는 다른 반찬, 고기나 생선, 채소의 조화 등 영양까지 생각하게끔 대화를 해나가자. 단, 어디까지나 아이의 의견을 존중한다는 점은 잊지 말자.

아이가 초등학생쯤 되면 가족여행 계획을 세우도록 해보자. 물론, 전적으로 아이한테 맡기라는 말이 아니다. 가족 모두의 의견을 듣고 정하되 부모가 주도권을 잡는 건 피하도록 하자. 가능한 한 아이의 의견을 듣고 그것을 적극 수렴하자.

처음에는 무리한 계획을 세울지도 모른다. 그렇더라도 바로 부정하는 건 좋지 않다. 각각의 의견을 하나로 모아가는 과정이 아이에게는 좋은 공부가 되기 때문이다. 아이가 무언가를 결정할 때 "어디서 버릇없이 끼어들어!" "엄마, 아빠 말 들어서 손해 볼 거 없어!"라는 식의 말은 절대 하지 말자.

우리 사회에는 아직도 말 잘 듣는 아이, 순종적인 아이가 착한 아이라고 생각하는 부모가 많이 있다. 부모나 선생님 말을 따르지 않고 자신의 생각을 말하면 "어디서 말대답이야!" "버릇없이!" 라는 말로 꾸짖는다.

그러나 그 결과 어떻게 됐는가?

어른이 되어서도 자신의 의견이나 생각을 갖지 못하고, 회사에 입사해서도 주어진 일만 할뿐 스스로 생각해서 행동하지 못하는 '지시 대기형 인간' 이 늘고 있다. 어릴 적부터 받아온 가정 교육, 학교 교육이 이와 같은 형태로 나타나는 것이다.

이런 식이라면 앞으로 국제화 사회에서 살아남지 못한다. 자기 주관을 갖고서 생각을 표현하고 행동하는 사람만이 21세기에 통용하는 인재상이다.

가뜩이나 일본인이나 한국인은 영어를 비롯한 외국어에 자신이 없기 때문에, 모국어만이라도 자신의 의견을 분명히 말하는 사람으로 키우지 않으면 국제사회에서 뒤쳐지고 만다. 비단 국제 사회뿐 아니라, 국내 사회에서도 자신의 의견을 말하지 않고서는 살아가기 힘들다.

"왜?"라는 질문에 대답하는가?

아이는 3살을 전후로 해서 끊임없이 "이건 뭐야?"라고 묻는다. 하루에도 몇 번이고 계속 물으면, 엄마는 귀찮아서 "조용히 해!" "저리 가서 놀아"라는 말을 하기가 쉽다. 하지만 절대로 그런 말만은 하지 말자. "이건 접시야" "저건 집이야"라고 사물의 이름만 말해줘도 아이는 궁금증이 해소되어 만족감을 느낀다.

4살 무렵부터는 "왜?" "어째서?"라는 질문을 하기 시작한다. "왜 물은 차가워?" "왜 하늘은 파래?"와 같은 식이다. 그것도 이상하게 엄마가 저녁식사 준비를 할 때나, 청소를 할 때처럼 바쁜 시간에 묻곤 한다.

특히, 버스나 지하철 안에서 큰 소리로 물으면 주위 사람들의 이목이 부담스러워 "그런 거 묻는 게 아니야"라고 혼을 내기 쉽다. 그러나 아이가 어

떤 시간에 어떤 장소에서 어떤 질문을 하든, 그 자리에서 반드시 대답을 해주자.

"왜 물은 차가워?"라고 물었을 때, 그 때가 만약 여름이라면 "물이 차면 시원하니까"라고 아이가 이해하기 쉽게 대답해주면 된다. 아니면 "차가우니까 기분이 좋잖아"라고 부모의 생각을 말해도 좋다.

가끔은 "넌 어떻게 생각하는데?"라고 물어도 좋지만, 이 질문은 말 그대로 '가끔' 했으면 한다. 아이가 질문을 할 때마다 매번 "넌 … ?"이라는 질문을 하면, 아이는 질문하는 걸 싫어하게 된다. '왜 그럴까?'라는 생각을 소중하게 키워주는 것이 중요하다.

만약 아이가 "왜 하늘은 파래?"라고 묻는다면 어떻게 대답하겠는가? 대답하기 난처하다면 함께 하늘을 올려보며 아름다움을 느껴보자. 그리고 똑같은 창밖으로 보는 하늘인데 왜 계절에 따라, 날씨에 따라, 시간에 따라 다르게 보이는지 조금씩 일깨워주자.

예를 들면, 낮에는 파랗던 하늘이 저녁이 되면서 차츰 분홍빛에서 빨갛게 물들다 회색빛을 띠며 어두워진다든지. 또, 맑은 날에는 파랗게 보이던 하늘이 흐린 날에는 탁한 회색빛이 되고, 비오는 날에는 뿌옇게 보인다든지. 봄이면 아련하게 보이던 하늘이 가을이면 맑게 보이고, 여름이면 눈부시게 보이던 하늘이 겨울이면 포근하게 보인다는 등. 이런 이야기를 주고받으면서 아이에게 자연의 신비로움과 위대함, 감동을 맛보게 해주자.

물론 하늘을 바라본다고 해서 아이가 글을 깨우치거나 숫자를 익히는 건 아니다. 그러나 난 아이가 훨씬 중요한 걸 배운다고 확신한다.

위와 같은 행동을 통해 부모와 자식 간에 자연의 아름다움과 신비로움을 느끼는 시간을 공유할 수 있다. 또한, 아이는 어렴풋이나마 이 세상에는 신비로운 일이 많다는 사실을 깨닫는다. 신비로움을 느끼는 일은 매우 중요하다. 여기서 지적 호기심이 생기고, 이것이 아이의 지적 능력을 신장시키는 출발점이 되기 때문이다.

아이가 여러 가지 질문을 할 때, 부모가 얼마만큼 성의 있게 대답하는가에 따라 아이의 성장이 결정된다고 해도 과언이 아니다.

아이의 질문 하나하나에 성심성의껏 대답해주는 엄마, 아빠가 있는 가정을 '응답성이 있는 환경'이라고 부른다. 아무리 저녁식사 준비로 바쁘더라도, 공공장소처럼 사람이 많은 곳이라도, 아이가 질문을 하면 "바쁘니까 나중에 말해!" "그런 거 묻는 게 아니야"라는 말은 하지 말자. 오늘부터라도 아이가 갖는 호기심의 싹을 키워주도록 하자.

50점을 받아와도 맞춘 문제를 칭찬해주자

아이가 시험 점수를 나쁘게 받아왔을 때, 당신은 어떻게 하는가? 대부분의 부모는 "점수가 이게 뭐야!" "이렇게 쉬운 문제도 틀리면 어떡해!"라고 혼을 낼 것이다. 이렇게 혼을 내면 다음 시험에서 좋은 점수를 받아올까? 공부를 잘 하게 될까? 오히려 그 반대이다.

아이가 시험지를 가져왔을 때는 혼내지 말고 맞춘 문제에 주목해서 칭찬해주자. 만일 받아쓰기 시험에서 50점밖에 받지 못했다고 해도 맞춘 문제를 보고 "이렇게 어려운 글자도 쓸 줄 알아? 우와, 대단한걸!" 하며 칭찬해준다. 그 뒤에 어느 부분을 잘못했는지 함께 확인해본다.

문장의 이해력이 딸려서 문제를 이해하지 못했는지, 구구단을 외우지 않아서 계산을 못했는지, 반올림을 이해하지 못해서 계산 문제에 실수가 많았는지, 아니면 글자공부를 안 해서 제대로 쓰지 못했는지 등등, 원인을 알면 그 부분을 반복 연습시켜 이해시킬 수 있다.

아이가 제대로 못한다고 해서 절대로 혼내거나 화내지 말자. 배우는 쪽도 인내심이 있어야 하지만, 가르치는 쪽도 인내심이 강해야 한다. 아이가 공부를 할 때 혼을 내면, 순간적으로 피가 머리로 몰려 아이는 냉정하게 생각하지 못한다. 그러면 아무리 가르쳐도 아이는 익히지 못한다.

아이가 한 가지라도 익히면 많이 칭찬해주자. 칭찬을 받으면 기분이 좋아져서 '그렇구나, 이렇게 하면 되는구나!' 하는 생각을 하고 확실히 자기 것으로 만든다. 또한, 지금까지 몰랐던 것을 알았다는 기쁨도 체험할 수 있다.

항상 맞은 문제보다 틀린 문제만 갖고 혼내면, 아이는 '만날 틀리기만 하고 난 나쁜 아이야' 라는 생각을 하고 만다. 그러면 학교에서 시험을 보는 순간에도 엄마의 화난 얼굴이 눈앞에 아른거려 '틀리면 또 혼날 텐데 …' 라고 걱정하다 자신이 아는 문제마저 틀리고 만다.

사람이 늘 혼나기만 하고 인정받지 못하면 '난 안 돼' '어차피 해봤자 안 될 텐데 …' 라는 생각으로 의욕을 상실하고 노력하는 것을 포기하고 만다. 벌은 사람의 마음을 위축시키고 자신감과 자존심, 희망을 없애버린다.

사람은 누구나 실수하기 마련이다. 이 책을 읽는 엄마들도 수많은 실수를 해왔을 것이다. 엄마가 아이에게 "실수는 누구나 하는 거야. 하지만 다음부터는 똑같은 실수를 하지 않도록 조심하자"라고 한다면, 아이는 안심하고 성장한다.

부모가 잘 할 수 있다고 생각만 해도, 아이는 정말 잘 한다

"여러분 자녀의 장점은 무엇입니까?"

이런 질문을 하면 순간 대부분의 부모들은 침묵에 잠기다 "우리 애한테 장점 같은 건 없어요. 말을 듣기를 하나, 만날 텔레비전만 끼고 공부는 뒷전에다, 방은 쓰레기장처럼 어질러 놓고 …" 등등 결점만을 말한다.

하지만 결코 그럴 리가 없다.

사람은 누구나 적어도 한 가지는 남에게 내세울 만한 장점을 갖고 있다. 부모들한테 생각할 시간을 주면 "그래도 친구들한테는 꽤 인기가 있는 모양이에요" "할머니를 잘 보살펴드려요" "공부는 못하지만 야구는 열심히 해요"와 같은 대답이 돌아온다. 아이를 잘 살펴보면 반드시 장점이 보인다. 그러면 그 장점을 인정하고 칭찬해주자. 인정받고 칭찬받으면 아이는 발전한다.

예전에 미국에서 흥미로운 연구 결과가 나왔다. 심리학 실험에서는 종종 생쥐를 사용하는데, 어느 날 아래와 같은 점을 발견했다고 한다.

대학생들이 쥐를 대상으로 미로 실험을 하고 있을 때였다. 일반적으로 같은 계통의 쥐라면 비슷비슷한 결과가 나오는데, 좋은 결과를 내는 학생은 언제나 좋은 결과를 내고, 좋지 않은 결과를 내는 학생은 늘 좋지 않은 결과를 내는 것이었다. 같은 계통의 쥐라도 담당 학생에 따라 차이가 생겼다.

자세히 보니, 좋은 결과를 내는 학생은 쥐를 대할 때 '몸집도 작은 녀석이 대견하기도 하지' 라는 마음을 갖고 대하는 반면, 나쁜 결과를 내는 학생은 '제까짓 쥐가 해봤자 얼마나 하겠어' 라는 마음으로 대한다는 것을 알았다. 실험자가 실험 대상인 쥐를 어떻게 생각하는가에 따라 실험 결과가 달리 나오는 듯했다.

그래서 아이들한테도 같은 결과가 나오지 않을까 싶은 생각에 한 초등학교에서 실험을 했다.

먼저, 담임선생님의 협력 아래 반 아이들에게 지능 테스트를 실시했다. 아주 보편적인 지능 테스트였지만, 선생님한테는 "이 테스트는 하버드 대학에서 만든 학력신장예측 진단테스트입니다"라고 거창한 이름을 붙여서 소개했다. 테스트를 마친 뒤, 결과와 전혀 상관없는 2~3%의 아이들을 가리켜 "이 아이들에게 학력 신장이 예상된다는 결과가 나왔습니다"라고 선생님한테 말했다.

과연 어떤 결과가 나왔을까?

반 년 후에 다시 테스트를 했다. 그러자 학력이 신장될 것이라고 지목했던 아이들은 다른 아이들보다 실제로 학력이 신장된 확률이 높았다. 특히, 저학년 아이일수록 신장률이 높았다.

어떻게 이런 결과가 나왔을까?

우리는 선생님이 교실에서 아이들을 대하는 태도를 살펴보고 몇 가지 사실을 알아냈다.

선생님이 아이들을 지목해서 질문을 하는 경우, 지명하는 횟수는 지목된 아이들이나 지목되지 않은 아이들이나 별다른 차이가 없었다. 단, 결정적인 대답을 원하는 질문의 경우는 지목된 아이들을 지명했다. 즉, 신장될 가능성이 있다고 지목한 아이들에게는 중요한 장면에서 중요한 사실을 말할 기회를 주었던 것이다.

만일 그 아이가 답을 맞히면 '역시 달라. 이 아이는 가능성이 있어'라고 생각하며 칭찬을 해줬다. 또, 칭찬을 받은 아이는 칭찬을 받으니까 기분이 좋아져서 열심히 하려는 마음이 생긴다. 교사의 기대효과와 아이가 자신에게 향하는 기대효과가 상호작용을 일으킨 것이다.

그리고 뽑힌 아이가 답을 맞추지 못하면 '그럴 리가 없어, 혹시 내가 질문을 잘못한 건 아닐까?' 하고 다른 각도에서 물었다. 그래서 아이가 정답을 말하면 "그래, 그거야! 아주 잘했어!" 하며 아이를 칭찬했다.

한편, 같은 선생님이라도 뽑히지 않은 아이한테는 질문을 해서 대답하지 못하면 '역시 안 돼나봐' 라고 생각하고, 바로 다음 아이를 지명했다. 그러면 아이도 자신을 '난 역시 안 돼' 라고 생각하고 열심히 하려는 마음을 갖지 않는다.

이 실험결과에서 보듯이 선생님이 아이를 어떻게 대하는지에 따라 자신감을 갖고 발전하는 아이와 그렇지 않은 아이가 생긴다는 것을 알 수 있다.

부모들은 선생님이 '우리 애한테 신경을 더 써줬으면 좋으련만' 하고 생각하겠지만, 선생님도 많은 학생들을 돌봐야 하

기 때문에 쉬운 일이 아니다. 때문에 매일같이 생활하는 부모
야말로 아이를 칭찬하고 발전시키는 데 가장 중요한 존재이다.
일상생활 속에서 사소한 일이라도 좋으니 아이를 인정하고 칭
찬해주어 자신감을 갖게 해주자.

2장 밝고 씩씩한 아이로 키우는 비결

우리 아이가 상처를 받았다면

초등학교 2학년인 미연이는 마음이 여린 여자아이다. 감수성이 풍부해서 만화영화나 드라마에서 슬픈 장면이 나오면 눈물을 곧잘 흘린다. 상대방의 마음을 헤아려주는 다정한 성격은 좋지만, 엄마 입장에서는 초등학생도 됐으니 조금 강해졌으면 하는 바람이 있었다.

어느 날, 미연이가 학교에서 돌아와서는 "오늘 학교에서 안 좋은 일이 있었어요" 하며 울면서 얘기를 했다. 쉬는 시간에 친구 두 명과 놀고 있었는데, 그 친구들이 미연이를 무시한 채 둘이서만 귓속말을 했다고 했다.

엄마는 언젠가 책에서 봤던 기억을 떠올려 "그런 일이 있었어? 마음이 많이 아팠겠구나" 하고 미연이의 말에 공감해줬다. 하지만 미연이가 울음을 그치지 않고 계속 울자 엄마는 달래주고픈 마음에 "그런 못된 애들은 무시하고 다른 친구들하고 놀지 그러니?"라고 했다. 그러자 미연이는 "하지만 다들 내가 싫다고 놀지 않으면 어떡해!" 하며 더욱 심하게 울기 시작했다.

엄마는 점점 화가 나서 "언제까지 울래! 그만하지 못 하겠니!"라고 큰 소리를 치고 말았다. 그러나 미연이는 울음을 그치기는커녕 "엄마도 내가 싫은 거지!" 하며 더욱 서럽게 울었다.

엄마는 순간 아차 싶었다. 아이의 눈물을 닦아주고 안아주면 좋았을 텐데 괜한 말을 했다는 후회가 들었다.

엄마는 마음을 가라앉히고 아직도 울고 있는 아이를 꼭 끌어안으며 이렇게 말했다. "엄마가 심한 말을 했지? 미안해, 엄마는 널 위로해주고 싶은 마음에 그랬어. 엄마가 우리 딸을 얼마나 사랑하는지 알지? 엄마는 우리 딸이 착한 마음씨를 가져서 너무 예쁘고, 학교에서 울지 않고 잘 참아서 대견스러워. 집에 와서는 실컷 울어도 돼. 엄마는 언제나 네 편이야. 누가 뭐래도 엄마는 항상 네 곁에 있을 거야."

엄마의 말을 듣고서야 미연이는 "엄마, 엄마!"를 외치며 엄마 품에 안겼다. 그리고 엄마도 아이를 꼭 안아줬다. 엄마의 포근함과 사랑이 전해진 것일까? 잠시 뒤, 아이는 울음을 그치고 "다시 사이좋게 지낼 수 있을 거야"라고 했다.

자기도 모르게 화를 냈을 때, 엄마는 아이에게 '착한 마음씨는 변함없더라도 더 강해졌으면, 친구들과도 사이좋게 지내면 좋을 텐데'와 같은 자신의 이상을 아이에게 주입하려 했는지도 모른다. 그리고 자신의 생각대로 따라주지 않는 아이에게 화가 나서 자기도 모르게 심한 말이 나온 것이다. 하지만 이 엄마는 바로 자신의 잘못을 깨닫고 아이를 있는 그대로 받아들였다. 아이한테도 이런 엄마의 애정이 전해지지 않았을까.

우리 아이가 침울해 있다면

아이를 있는 그대로 받아들인다는 의미는 있는 그대로 인정한다는 뜻이다. 이 말은 아이가 어떤 말을 하든지 귀를 기울여 들어준다는 뜻과도 같다. 아이가 하는 말의 내용에 따라 부정적인 말이나 비판, 무관심한 태도를 보여서는 안 된다.

만약 아이가 학교에서 선생님께 심한 꾸중을 듣고 기가 죽어 돌아온다면 어떻게 하겠는가?

“선생님한테 또 혼났어?”라고 상처받은 아이에게 더 큰 상처를 주는 말을 한 적은 없는가? “그러게 똑바로 하랬지! 엄마 말을 안 들으니까 선생님한테 혼나는 거야!”라는 식으로 아이를 몰아붙이는 말을 한 적은 없는가?

아이는 선생님한테 혼이 나서 가뜩이나 기가 죽어 있는 상태이다. 거기에 엄마까지 혼을 낸다면 더욱 기가 죽고 만다. 이럴 때는 먼저 선생님한테 혼이 나서 슬프고 괴로운 아이의 마음을 헤아려주는 말을 하자.

“선생님한테 혼나서 많이 속상했지?”라는 말 한마디로 아이는 부모에게 마음을 연다. 그러면 아이는 선생님한테 왜 야단을 맞았는지 얘기할 마음이 생긴다. 그리고 어떻게 하면 이번과 같은 실수를 하지 않는지 충고하는 부모의 말에 귀를 기울일 마음이 든다.

무턱대고 혼만 내면 아이는 ‘나도 다 알아!’ ‘엄마는 내 마음을 조금도 몰라!’라는 생각을 하고, 부모에게 마음의 문을 닫아버린다. 부모가 지도자나 비평가적인 입장에서 말을 하면 아이는 금방 느끼기 때문이다. 그러면 부모가 무슨 말을 해도 아이 마음에는 전해지지 않는다. 뿐만 아니라 아이는 부모에게

말을 가려서 하게 된다. '이 말을 하면 엄마가 또 혼내겠지'라
고 생각해서 결국 아이는 엄마 마음에 드는 말밖에 하지 않는
다.

아이가 선생님한테 혼나고 왔을 때는 부모까지 혼내지 말고,
먼저 왜 혼이 났는지 이유를 듣고 아이의 괴로운 마음을 보듬
어줘야 한다. 또 "말해줘서 고맙구나"라고 솔직하게 말해준 아
이의 용기를 칭찬해주자.

부모 자식 사이에는 이런 감정·정서의 교류가 매우 중요하
다. 이런 교류의 시작이 부모자식 관계를 맺는 첫 걸음이다.
부모는 아이에게 '이렇게 해! 저렇게 해!'라는 식으로 지시나
설교를 하는 것이 아니라, 아이가 갖고 있는 능력을 믿고 공감
해줘야 한다. 그러면 아이는 자신이 가진 능력을 십분 발휘하
며 성장해나간다.

애정을 전하려면

사람이 성장하고 건강하게 생활하기 위해서는 영양분인 '음
식'이 필요하다. 하지만 이것만으로는 올바른 성장을 하지 못
한다. 마음의 성장을 위해 '마음의 영양소'가 필요하기 때문이

다. 마음의 영양소란 타인에게 받는 따뜻한 마음과 신뢰가 담긴 친밀한 행동이다. 이것을 긍정적 스트로크라고 한다.

본래 스트로크의 뜻은 테니스나 보트에서 쓰는 용어로 '공을 치는 동작' '노를 젓는 동작'을 말한다. 또 '쓰다듬다' '어루만지다'와 같은 의미도 있다. 인간관계에서 보면 타인과 접촉을 통해 받는 자극을 말한다. '가볍게 어깨를 두드리기' '쓰다듬기' '고개를 끄덕이며 수긍하기' '말 걸기' 등과 같이 그 사람의 존재나 가치를 인정하는 행동이다.

단, 스트로크에는 플러스 효과를 주는 긍정적 스트로크 외에 마이너스 효과를 주는 부정적 스트로크도 있다. 그것은 '넌 안 돼!'라는 메시지이다. 사람은 부정적 스트로크를 받으면 불쾌해지고 자신을 쓸모없는 사람으로 느껴 자신감을 잃고 만다. 그 때문에 부모는 가능한 한 아이를 인정하고 장점을 칭찬해주는 등 긍정적인 스트로크를 주어 아이가 발전하도록 유도하기 위해 힘써야 한다.

긍정적 스트로크의 표현법을 예로 들면, 신체적인 경우는 '쓰다듬기' '어루만지기' '악수하기' '안아주기' 등의 스킨십이 있다.

심리적인 경우는 '미소 짓기' '고개를 끄덕이며 수긍하기'

‘상대방의 말에 귀 기울이기’ 등이 있다.

말의 경우는 ‘인사하기’ ‘칭찬하기’ ‘위로하기’ ‘격려하기’ ‘말 걸기’ 등이 있다.

여기서는 인사를 예로 들어 긍정적인 스트로크에 대해 설명하고자 한다.

우리는 사람을 처음 만나면 인사를 한다. 굳이 처음 보는 사람이 아니더라도 매일같이 얼굴을 마주 대하는 사람에게도 “잘 잤어?”라는 인사를 한다. 이것은 매우 중요한 일이다. 아침에 일어나면 부부, 부모자식, 형제자매가 서로에게 “잘 잤어?”라고 인사를 하는데, 이것은 “일어났구나, 난 네가 일어난 거 다 알고 있어”라는 신호이다. 즉 “난 네 존재를 인정해”라는 사인인 것이다.

비단 가정뿐만이 아니라 학교나 직장에서도 마찬가지이다. 사람을 만났을 때, 그 사람에게 말을 거는 자체가 상대방의 존재를 인정한다는 뜻이다. 아침에 인사를 빠트리면 그 다음 애기가 원만하게 진행되지 않을 수도 있다.

다른 사람이 무언가를 해주면 “고맙습니다”라고 하는 것도 상대방에게 감사의 마음을 전하는 중요한 말이다. “감사합니다” “당신의 가치를 인정합니다”라는 메시지이다.

친구들과 어울리지 못하는 아이들이 늘고 있다. 이것은 타인을 대하는 두려움의 일종으로 서로에 대한 신뢰 관계가 없기 때문이다. 신뢰관계를 쌓으면 상대방과 다른 의견을 말한다고 해도 인정받는다는 생각을 한다. 자기 말을 이해해줄 거라고 생각하는 관계라면 어떤 말이든 주고받게 된다.

일본에는 '공원 데뷔'라는 말이 있다. 젊은 엄마들이 자전거에 아이와 장난감을 싣고 놀이터에 나와 아이한테 친구도 만들어주고 엄마들끼리도 대화를 나누는 것을 말한다. 이 기회를 통해 엄마들도 친구를 사귀기도 하는데, 요즘 엄마들은 이 '공원 데뷔'를 불안해한다고 한다. 이것은 자기 긍정 즉, 자기 자신을 있는 그대로 받아들이는 마음이 어릴 때 길러지지 않았기 때문이다.

자기 자신을 긍정적으로 생각하지 못하면 자신감을 갖지 못한다. 그러므로 당연히 자기가 하는 말에도 자신이 없어진다. 그리고 다른 사람의 평가에 매우 신경을 쓴다. '이런 말을 하면 무시당할 지도 몰라' '이런 바보 같은 말을 했다간 모두에게 웃음거리가 될 거야'라는 생각으로 늘 불안해하다 상대방이 뭐라고 하면 금세 상처를 받는다.

그럼 자기긍정을 키우려면 어떻게 해야 할까?

가장 좋은 방법은 스스로 목표를 세우고, 그것을 이루기 위해 노력하고 달성해보는 경험을 하는 것이다. 그러나 현재 우리 교육현실은 이와 같은 교육을 실행하지 못하고 있다. 그만큼의 여유를 갖고 있지 않다. 게다가 목표를 달성하는 일은 말처럼 쉬운 일이 아니다. 주위 사람들이 끈기 있게 지켜봐주고 용기를 북돋아줘야 한다. 그러기에는 역시 학교 선생님보다 부모가 적격이 아닐까 싶다.

먼저, 부모는 아이가 초등학교에 입학하기 전부터 어떤 일이라도 좋으니 '해냈어!'라는 성취감을 맛보도록 해줘야 한다. 그러다 초등학생이 되면, 조금 난이도를 높여 다소 어렵지만 노력하면 가능한 일에 도전하도록 권하자. 책 한 권을 혼자서 읽는 것도 좋고 심부름도 좋다.

어릴 때는 친구와 비교당하며 "옆집 누구는 하는데 너도 열심히 해야지 …"라는 말에 떠밀리고, 학교에 들어가서는 성적으로 친구와 비교당하는 일이 계속되면 자신의 의지와 상관없이 남의 눈을 신경 쓰는 사람이 된다. 그리고 타인의 평가로 자신의 가치를 판단하고 만다.

그러면 '나는 나. 난 이런 사람이야' 라는 의식이 자라지 않는다. 그 결과, 자기 긍정도 자신감도 없는 어른이 되어 자기 모습을 있는 그대로 보여주면 남들이 어떻게 생각할지 늘 불안해하는 마음을 안고 살아간다.

O×식 문제는 정답이 한 가지밖에 없다. 하지만 이 세상을 살아가는 데 해답이 딱 하나만 있는 경우는 없다. 세상에는 다양한 사고방식과 가치관이 있다. 열 명이 있으면 열 가지 사고방식과 삶이 존재하는 게 당연한 일이다.

이런 발상으로 육아를 한다면 부모도 여유가 생기고 아이한테도 좋은 영향을 미치지 않을까?

"지금 네 모습이 가장 좋아"라고 해보자

가정에서는 두 가지 애정이 필요하다. 하나는 모성(母性)을 대표하는 부드러운 '포용의 사랑'이다. 가족 구성원 한 사람 한 사람을 지금 그대로의 모습에 만족한다는 마음으로 감싸 안아 편안하고 안락함을 주는 사랑이다.

다른 하나는 부성(父性)을 대표하는 엄격한 '분리의 사랑'이다. 규칙·규율·의무·역할 등을 가르치는 논리성이 있는 사랑이다. 이 두 가지 사랑은 양쪽 모두 중요하다.

한 사람이 부성적 사랑, 모성적 사랑 모두를 갖고 있기 때문에, 한부모 가정이라도 두 가지 사랑으로 아이를 키울 수 있다. 반드시 엄마가 모성을 갖고, 아빠가 부성을 갖는 것은 아니다. 반대인 경우도 있다.

모성적 정서의 세계란, 가족 모두가 화목하고 평등한 세계이다. 그렇기에 집안일과 바깥일을 하는 엄마 아빠도, 학교에 가서 공부를 하는 언니 오빠도, 집에 있는 여동생이나 남동생도, 모두가 평등하기 때문에 일하는 사람이나 노는 사람이나 똑같이 밥을 먹는다. 남동생이 형 자전거를 말없이 가져가 형제끼리 싸움을 하더라도 "미안해"라는 한마디로 모든 게 해결된다. 이것이 모성적 정서의 세계이다.

하지만 지하철 역 앞에 세워둔 남의 자전거를 말없이 탄다면 이것은 도둑질이 된다. 법적으로 처벌받을 대상이 되고 만다. 왜냐하면 바깥세상에는 규칙과 법이 있기 때문이다. 이와 같은 세상의 규칙을 가르치는 것이 부성적 논리의 세계이다.

아이한테 이 두 가지 사랑을 균형 있게 전달하는 것도 중요하지만, 그보다 더 중요한 것은 사랑을 주는 순서이다.

먼저 신생아부터 유아기까지는 모성성에 기초를 둔 정서적인 교류를 많이 해야 한다. 그래서 부모와 자식 사이를 애정과 신뢰의 끈으로 단단히 엮어야 한다. 유아기를 지나면 부성성에 기초를 둔 규율·의무 등의 논리적인 세계를 가르쳐야 한다. 이 같은 순서가 뒤엉켜 버리면 평생 동안 여러 가지 문제가 속출한다.

요즈음 엄마들 사이에는 "아이가 있으면 하고 싶은 일도 못 하고, 자유롭게 활동하지도 못하기 때문에 육아는 정말 싫어요"라고 말하는 사람들이 늘고 있다.

이런 경향을 상징하는 한 조사 결과가 있다. 결과에 따르면 "자신이 좋나요?"라는 질문에, 아이들이 하나같이 "싫어요"라고 대답했다고 한다. 물론, 자신의 모든 면을 좋아하는 사람은 없다. 그러나 조금이라도 자신의 이상에 다가가기 위해 나쁜 점을 고치려고 노력한다. 그런데 이 아이들은 자신의 모든 면이 싫다고 했다.

이것은 모성성이 결여됐기 때문이다. 유아기 때 '네 모습 그대로가 좋아. 엄만 이런 네가 참 좋아'와 같은 모성적 애정을 받지 못한 채 자라난 아이들은 자신을 긍정적으로 생각하거나 좋아하지 못한다. 심하면 살아갈 힘마저 잃고 만다.

최근의 육아 형태를 보면, 모성적인 '포용의 사랑'보다는 부성적인 '분리의 사랑'에 무게가 실린 듯 보인다. 아이를 부모 생각대로만 키우려고 할 뿐, 아이를 있는 그대로 받아들이려는 자세가 부족한 것 같다. 요즈음 아이들 사이에 일어나는 많은 문제의 배경이 바로 이런 이유 때문이 아닐까?

당신은 아이에게 충분한 모성적 애정을 쏟고 있는가? 다시 한 번, 당신의 양육법을 되돌아보고 생각해보자. 그리고 충분하지 못하다는 생각이 들면 오늘부터라도 늦지 않았다. 아이에게 모성적 애정을 쏟도록 하자. 이 사랑은 언제 주어도 늦지 않으니까.

부모보다 친구들한테 배우는 '살아가는 힘'

오랜 인간의 역사 동안 부모들은 부족한 환경에서 부족한 능력으로 아이들을 길러왔음에 틀림이 없다. 불과 몇 십 년 전만 하더라도 부모들은 먹고살기 바쁘다는 이유로 자식에게 거의 신경을 쓰지 못한 채 결점투성이 육아를 해왔다. 그래도 아이들은 제대로 자랐고 사회 생활하는 데 필요한 능력을 갖추었다.

그 시대에는 아이 성장에 커다란 역할을 했던 것이 '놀이집단'이었다. 아이들은 놀이집단을 통해 세상의 다양한 구조를 배웠다. 지금도 놀이집단은 아이가 성장하는 데 중요한 기능을 발휘한다. 이번 장에서는 그 기능에 대해 다루려 한다.

1. 친구들과 비교를 통해 '자신'을 안다.

간단히 말하면 '난 어떤 아이인가?' 하는 사실을 아는 것이다. 아이는 친구들과 놀면서 자신과 친구를 비교하고 차이점을 이해한다. 예를 들어 나와 윤미라는 친구는 같은 학년이고 체격도 비슷하지만 '잘 하는 것'과 '못하는 것'이 다르다. 국어는 내가 잘하지만 수학은 윤미가 더 잘하고, 달리기는 내가 윤미보다 빠르지만 그림은 윤미가 잘 그린다는 등과 같은 차이를 깨달으면서, 자기가 무엇을 잘하고 노력해야 할 점은 무엇인지 알아간다.

그러므로 부모는 아이와 친구를 비교하면서 "넌 왜 이렇게 못해!" "이게 한 거야?"와 같은 말은 절대로 하지 말아야 한다. 아이는 부모가 말하지 않아도 이미 알고 있기 때문이다.

굳이 말을 한다면 "글씨를 예쁘게 쓰는구나!" "책을 잘 읽네." "달리기를 참 잘 한다!"와 같이 친구의 장점을 칭찬해주자.

2. 집단생활을 잘할 수 있는 적응력이 길러진다.

친구들과 즐겁게 놀기 위해서는 양보심이 필요하다. 자기가 하고 싶은 것을 참고 친구가 좋아하는 놀이를 해야 할 때도 있다. 물론, 항상 친구들이 하자는 대로만 하면 '좋은 친구'라고 평가받지 못한다. 때로는 자기 주장을 펴야 할 때도 있다. 또, 재미있는 놀이도 생각해야 한다.

이처럼 친구를 사귀는 데는 상대방의 기분을 헤아리고, 상대방의 행동에 적절한 반응을 나타내는 점이 중요하다. 서로에게 이렇게 한다면 좋은 친구관계를 유지할 수 있다. 부모와 함께 하는 놀이에서는 이것을 배우지 못한다.

3. 상대방을 배려하는 마음을 배운다.

친구를 사귀면 상대방의 말이나 표정, 행동을 보고 들으며 상대방이 지금 무엇을 느끼고 어떤 생각을 하며 무엇을 하고 싶은지 등, 상대방의 전반적인 기분을 읽는 훈련이 된다. 그뿐 아니라 자신의 반응을 상대방이 어떻게 받아들이고 행동하는 지 살피게 된다. 이렇게 상대방의 기분을 헤아리는 것뿐 아니라, 서로를 인정해주는 과정에서 배려심도 길러진다. 또, 상대방을 이해하는 동시에 자신의 기분이나 생각을 잘 전달하기 위해서는 어떻게 표현해야 하는지도 배운다.

4. 친구나 친구 부모님을 통해 인간의 다양성을 깨닫는다.

아이들은 성장을 하면서 '친구가 있었으면' '친구랑 놀았으면' 하는 생각을 한다. 그리고 많은 친구들과 놀면서 세상에는 다양한 사람이 있다는 점을 배운다.

또, 친구 집에 놀러가서도 많은 경험을 한다. 친구 엄마를 통해 어른이란 어떤 사람인지 배운다. 예를 들어 우리 엄마라면 혼내지 않을 일을 친구 엄마는 혼을 냈다든가, 그 반대의 경우도 있을 것이다. 똑같은 채소와 고기를 썼는데 다른 음식이 되거나 자기 집하고는 다른 양념을 한다는 점을 느낄 것이다. 상차림 하나도 자기 집하고는 다르다는 걸 깨닫는다.

이런 경험을 통해 세상에는 다양한 생각과 행동을 하는 사람이 있고, 자기와 자기 가족과는 다른 가치관을 갖고 있는 사람이 있다는 것을 배운다.

5. 스트레스를 해소해 정서가 안정된다.

유치원이나 학교에서 선생님께 혼이 나면 아이는 스트레스를 받는다. 거기에 시험 성적마저 나쁘게 나오면, 엄마한테도 혼이 나지 않을까 걱정을 한다. 하지만 친구들과 어울려 놀다 가거나, 집에다 가방만 던져 놓고 나가서 친구들과 신나게 뛰어놀면 스트레스가 풀린다.

그러나 요즈음 아이들처럼 학교에서 곧장 집으로 돌아와 혼자 집안에서만 놀면, 스트레스는 풀리지 않고 더욱 쌓여만 간다. 아이의 정신적인 안정을 위해서라도 친구들과 노는 것은 중요하다.

6. 나이가 위인 아이, 아래인 아이와 사귀는 법을 익힌다.

요즈음 아이들은 같은 반 또래 친구들하고 놀지만, 원래 놀이집단은 나이가 다른 아이들이 한데 섞여 노는 게 특징이었다. 나이 어린 동생도 자신보다 나이 많은 아이들과 함께 놀면서 상하의 인간관계를 배웠다. 나이가 어린 아이는 깍두기라고 불려도 자기보다 큰 아이들 틈에 끼어 놀면서, 무리에서 인정받기 위해 열심히 따라다녔다. 또, 큰 아이는 동생들을 다소 귀찮게 여기기도 하고 감싸주기도 하면서 동생들이 제대로 하게끔 도와주었다.

아이들은 놀이집단을 통해 나이가 다른 아이를 대하는 법을 익히며 성장한다.

7. 반발을 경험하고 삶의 에너지를 얻는다.

부모가 놀아 주는 것과 다르게 아이들끼리 놀다보면 때로는 대립하기도 한다. 이런 일을 경험하면서 매일매일의 생활을 활기차게 보내는 삶의 에너지가 생긴다. 아이가 아이답고 건강하게 생활하기 위해서는 이런 자극이 매우 중요하다.

아이한테 공부는 중요한 일이다. 하지만 머리로 아는 지식만으로는 살아가지 못한다. 살면서 중요한 지혜의 대부분은 사람과의 관계 속에서 얻는다. 인간관계를 배우기 위해서는 친구들과 직접 부딪히는 체험이 절대적으로 필요하다.

아이의 친구에 대해 이런 말은 하지 말자

아이가 친구들과 어울리지 못하면 '우리 애가 왕따 당하는 건 아닐까?' 하는 걱정을 한다. 하지만 아이들도 여러 타입이 있다. 밖에서 친구들과 노는 것을 좋아하는 아이가 있고, 집에서 혼자 조용히 보내는 걸 좋아하는 아이가 있다. 먼저, 그 점을 인정해주자.

그래도 사회 생활을 하는 이상, 사람과 관계를 맺지 않고서는 살지 못한다. 앞에서 말했듯이 어린 시절 아이들은 친구를 사귀면서 많은 것을 배운다. 그래서 친구와 전혀 놀지 않는 일만은 없도록 해야 한다. 여기서 아이가 친구들 무리로 들어가기 쉽도록 부모가 해줄 수 있는 일을 몇 가지 적어봤다.

1. "친구하고 놀아!" 라는 식으로 강요하지 말자.

아이에게 "친구하고 놀아!"라고 잔소리를 하지는 않는가? 혹은, "넌 친구도 없니?"라고 몰아붙이지 않는가? 어쩌면 아이 자신도 그런 점이 마음에 걸려 친구들 속으로 들어가지 못하는지도 모른다.

2. "친구하고 놀고 올게요"라고 하면 기분 좋게 보내주자.

아이가 지금껏 친구들과 충분히 놀아 본 경험이 있는가?

친구들과 노는 데도 체험이 필요하다. 갑자기 친구들 무리에 넣고 "자, 어서 놀아!" 라고 닦달해봤자 소용없는 일이다. 어릴 때부터 친구들과 자주 놀면서 '친구하고 노는 건 즐겁다' 는 사실을 체험하지 않으면 적극적으로 놀지 못한다.

만약, 아이가 친구들 무리 속으로 들어가려고 하지 않는다면 친구들과 노는 즐거움을 모르는 건지, 아니면 어떻게 친구들과 놀아야 할지 몰라서 그러는 건지 생각해봐야 한다.

3. "OO랑은 놀지 마!"라는 말은 절대로 하지 말자.

"OO랑 놀아" "OO랑은 놀지 마!"처럼 아이의 친구를 고르거나 명령하지는 않는가?

어릴 때는 가까운 곳에 사는 아이와, 교실 옆 자리에 앉은 아이와, 부모끼리 친한 사이의 아이와 노는 경우가 많다. 아이가 좀더 폭 넓은 교우관계를 맺기 원한다면 부모 자신이 먼저 여러 사람과 교류하는 모습을 아이에게 보여줘야 한다.

4. 아이들 싸움에 끼어들지 말자.

일일이 아이들 싸움이나 다툼에 나서지 않는가?

아이들 사이의 싸움은 아주 위험하지 않는 한 아이들 스스로 해결하도록 놔두자. 부모가 참견하면 일만 더 커져 수습이 불가능한 사태로 치닫거나, 어른들 싸움으로 발전하는 경우가 많으므로 주의해야 한다.

5. 아이 친구에 대해 비판은 하지 말자.

아이 친구에 대해 비판하거나 험담하지는 않는가? 자기 아이를 대할 때처럼 친구의 좋은 면을 인정해주자. 부모 마음에 들지 않는데도 아이가 그 친구와 노는 이유는 아이가 그 친구의 좋은 면을 인정했기 때문이다.

6. 열등감이 강한 아이에게는 칭찬을!

아이가 열등감을 갖고 있지는 않는가? 친구들과 사이좋게 놀기 위해서는 정서가 안정되고 자신감이 있어야 한다. 당신 아이의 장점은 무엇인가? 부모가 장점을 인정하고 칭찬해서 자신감을 갖게 해야 한다.

우리들이 집단 속에서 안정적으로 생활하기 위해서는 두 가지 욕구가 충족되어야 한다. 하나는 소속 욕구이다. 즉, 모두와 함께 있고 싶어 하는 마음이다. 유행을 떠올리면 이해하기 쉬울 것이다. 젊은 여성들 사이에 미니스커트가 유행하면, 자신한테 어울리든 안 어울리든 입고 싶어 하는 마음이 바로 인간의 소속 욕구이다.

다른 하나는, 자기실현 욕구이다. 즉, 남들에게 내세울 만한 점을 갖고 싶어 하는 마음이다. 이것은 자기를 받쳐주는 버팀목이 된다. 이런 욕구가 없으면 집단 속에서 안정을 찾지 못한다.

아이들이라고 그저 아무 생각 없이 학교에 다니지는 않는다. 어떤 아이는 수학이라면 누구한테도 지지 않는 것이 버팀목이고, 어떤 아이는 야구, 어떤 아이는 자동차라면 자기가 최고라고 자부하거나, 또는 컴퓨터 게임이라면 반에서 일등이라는 것을 버팀목으로 삼고 안정적인 학교 생활을 한다.

이런 버팀목이 없으면 아이는 바로 도망치고 만다. 부모의 품에서 벗어나거나, 나쁜 것을 버팀목으로 삼기도 한다. 교칙에 위반되는 파마나 화장을 하거나 담배를 피우는 식의 행동으로 점점 비행의 길로 빠져들고 만다.

이 뿐 아니라, 학교 공부만을 버팀목으로 삼는다면 학창시절에는 어떨지 몰라도 사회에 나가서는 도움이 되지 않는다. 인간적인 버팀목이 필요하다.

자신의 재능이 무엇이고 노력할 점이 무엇인지 알고 있으면 원만한 교우 관계를 맺을 수 있다. 자신감이 있으면 자기가 하고 싶은 일을 참고 친구와 맞춰나간다. 물론, 늘 양보만 하는 것이 아니라 때로는 자기주장을 펼치기도 한다. 그리고 상황에 맞춰 '예스'와 '노'를 말할 줄 아는 아이로 자란다.

말려선 안 되는 싸움, 바로 말려야 하는 싸움

아이들의 교우 관계에서 싸움은 필수적이다.

아이들이 싸우는 원인은 대부분 사사로운 일들이다. 예를 들면, 친구가 자기 장난감을 함부로 만졌다든가, 친구가 자기보다 간식을 많이 받았다든가, 보고 싶은 만화책을 혼자만 보고 보여주지 않는다든가, 지나가려는데 발을 걸어 넘어뜨렸다든가 … 어른들 입장에서 보면 모두 간단히 해결될 하찮은 일뿐이다. 그래서 아이들이 싸우면 부모가 나서서 말리거나 혼내기 쉽다.

하지만 아이들 싸움에는 부모가 나서지 않는 게 좋다. 아이들은 장난기 섞인 싸움도 많이 하고, 옆에서 보면 심한 말다툼과 몸싸움을 하는 듯 보여도 크게 나쁜 방향으로 가지는 않는다. 서로 적당히 봐주면서 하기 때문에 그걸 믿고 싸우는 면이 있다.

그렇기 때문에 심한 싸움을 하는 것 같더니 얼마 안 가 웃고 장난치는 것이다. 아이들도 싸움을 하면서 심해지기 전에 그만둘 기회를 엿보며 싸운다. 또, 화해를 하려면 어떡해야 좋을지, 친구의 입장을 생각하기도 하고 자기가 한 행동을 반성하기도 한다.

　그런데 여기서 어른이 끼어들면, 싸움을 그만둘 기회를 잃고 수습 불가능한 상태로 치닫는다. 거기에 아이가 싸움을 해결할 방법을 배울 기회마저 줄이는 결과까지 생긴다. 자기들 스스로 화해하는 방법을 배우기 위해서는 많은 경험이 필요하다. 친구와 싸우고 화해하는 과정을 몇 번이고 되풀이하면서 점점 터득해나간다.

　원만한 교우관계를 맺으려면, 자기 주장을 펼 줄 알아야 하고 친구에게 양보할 줄도 알아야 한다. 때로는 힘을 합쳐 자신

들보다 큰 상대(어른)에게 맞서기도 하고, 반대로 어른의 환심을 사기 위해 친구를 배신하기도 한다. 아이는 이런 경험을 통해 자기 주장과 자기 인내, 협동, 타협, 도전, 교섭, 전술, 화해와 같이 사람과 관계를 맺는 데 중요한 여러 기술을 습득한다.

아이들에게 싸움은 인간관계의 훈련장과도 같다. 그러므로 싸움을 하지 않는 아이가 착한 아이는 아니다. 오히려 싸움을 하는 아이가 훨씬 바람직하다고 본다. 싸우는 경험을 피하기만 하면, 자기 주장을 펴지 못하게 될 뿐더러 양보하거나 반성하는 기회마저 놓쳐버리기 때문이다.

어른이 아이들 싸움에 끼어들 때는, 위험하다고 생각될 때와 도저히 아이들끼리 해결책을 찾지 못할 때이다. 위험하다고 생각되면 이유를 불문하고 바로 말려야 한다.

싸움의 중재 역할을 할 때 중요한 건 '공평'해야 한다는 점이다. 아이가 '친구 편만 든다'고 생각하지 않도록 해야 한다. 그러려면 양쪽 말을 충분히 들어야 한다. 다 들은 뒤에는 잘잘못을 따지지 말고 "엄마는(아빠는) 이렇게 생각해." "엄마(아빠)라면 이렇게 할 텐데 … "와 같이 부모의 생각을 아이에게 말한다.

옳고 그름을 판단하거나 이래라저래라 지시하지 말고, 앞으로 어떻게 해결해 나갈지 아이들 스스로의 판단에 맡긴다.

가족끼리의 만남으로 세상 알기

요즈음 아이들은 자기중심적이라든가, 친구들과 어울리지 못한다는 말을 자주 듣는다. 아이들뿐만 아니라, 어른들도 인간관계를 힘들어하는 사람들이 늘고 있다.

인간관계는 책을 읽거나 누구의 설명을 듣거나 누가 가르친다고 해서 좋아지는 문제가 아니다. 어느 정도는 이해할지 몰라도 정말로 인간관계에 능한 사람이 되려면, 실제로 사람들과 어울리는 것이 가장 좋다. 그래야만 터득할 수 있다.

부모도 아이와 함께 많은 사람들과 어울리도록 하자.

예를 들어 엄마나 아빠 친구 가족이나 아이의 친구 가족과 가족 단위로 교류해보는 건 어떨까?

함께 여행을 가거나 외식을 하고, 서로의 집을 오가는 편안한 교류를 해보자. 집에 초대를 하고 초대를 받는다 해도, 특별한 손님 대접을 하듯이 거창한 요리를 준비하거나 선물을 살 필요는 없다. 부담 없이 편안한 교류가 관계를 오래 지속하는 비결이다.

필요 이상으로 돈을 들이지 않는 것도 중요하다. 아무리 친하다고 해도 상대 가정의 경제 사정까지 자세히 알기는 힘들다. 여러 면에서 부담을 주지 않도록 신경 쓰자.

가족 단위로 오가며 식사도 하고 여행도 다니면, 아이는 유치원이나 학교에서 놀거나 친구 집에서 잠깐 놀았을 때는 몰랐던 많은 것을 배운다. 그 중 하나가 인간의 다양성이다.

학교가 즐거운 곳이라고 생각하게 하려면

아이가 '어차피'라는 말을 쓰지 않게 하려면?

아이가 "나 학교 가기 싫어!"라고 하면, 엄마는 '혹시 애가 등교를 거부하는 걸까?' 하고 걱정할지도 모른다. 그러나 조금만 생각해 보자. 엄마 본인도 초등학교 시절에 한두 번쯤 '오늘은 학교 가기 싫은데 …'라고 생각했던 적이 있을 것이다. 그래서 그것이 등교 거부로 이어졌는가?

장기간 학교를 쉬며 등교 거부를 하는 아이도 늘고 있고, 학교 기피증, 학교 공포증이란 말이 자주 쓰이는 것도 사실이다. 하지만 필요 이상으로 예민하게 받아들이지 않는 것이 좋다.

특히, 저학년 아이라면 '선생님이 무서워서' '급식이 맛없어서' '학교 갈 준비를 하는 게 늦어서' '체육 시간이 싫어서' 등, 어른들 눈에 하찮아 보이는 이유 때문에 학교에 가기 싫다고 하는 경우가 많다.

그런데도 부모가 심각하게 받아들여 고민하면 아이는 '이게 그렇게 큰일인가?' 하고 받아들일 수도 있다. 너무 심각하게 받아들이지 말고 "힘든 일이 있니?"라는 질문으로 아이의 말을 들어준 뒤, 아이와 함께 해결 방법을 생각하도록 하자.

유치원까지는 하나부터 열까지 챙겨주던 엄마도, 아이가 초등학생이 되면 '이제 초등학생도 됐으니 의젓해졌으면' 하는 생각에 아이와 거리를 두고 대하기 쉽다. 하지만 아이 입장에서는 '앞으로는 엄마 품을 떠나 뭐든 내 손으로 해야 하는 건가?' 라는 생각으로 불안해한다.

원래 아이들은 자립하려는 마음을 갖고 있기 때문에, 언제까지나 부모 품 안에 있지는 않는다. 그러나 잠시 부모 곁을 떠나보고 불안하다 생각되면 다시 부모 품으로 돌아온다. 그러다 마음이 놓이면 다시 곁을 떠난다. 이런 일을 반복하면서 부모 품을 떠나 있는 시간이 길어지고 그러다 자립을 한다.

그러나 아이가 부모 품으로 돌아왔을 때, 부모가 밀어 낸다면 더욱 부모나 집과 떨어지지 않으려 한다. 그래서 학교 가기

를 싫어하는 경우도 있다. 이것은 모자분리 불안에서 오는 등
교 거부 형태이다. 이런 경우는 유아기로 돌아갔다는 생각으로
충분한 스킨십과 애정표현을 하여 아이와 강한 신뢰관계를 맺
어야 한다. 그 밖에 학교에 가기 싫어하는 원인으로는 부정적
자기 동일성과 탈진 증후군이 있다.

부정적 자기 동일성은 "쟤는 안 돼" "그런 것도 못해?"라고
부모한테 부정적인 평가만 받은 아이들이 '어차피 난 안 돼'
'내가 어떻게 하겠어'라고 생각해서 시작도 하기 전에 포기하
는 무기력한 아이가 되는 것을 말한다. 그러면 아이는 학교에
갈 의욕을 잃고 만다.

또, "빨리빨리 해!"라는 말도 부정적 자기 동일성의 원인이
된다. 매일같이 이런 말을 들으면, '어차피 빨리 하지도 못하
는데 그냥 천천히 하지 뭐'라고 생각해버린다. 그러면 빨리 해
야겠다는 마음마저 생기지 않는다. 조금이라도 걸리는 점이 있
다면 당장 오늘부터라도 부정적인 말을 하지 않도록 주의하자.
그리고 어떤 점이라도 좋으니 아이의 장점을 인정하고 칭찬해
주자. 자신감이 생기면 아이는 기력을 되찾는다.

탈진 증후군은 흔히 앞만 보고 달려온 일중독자들에게 나타
나는 현상으로, 어느날 갑자기 목표 달성이 불가능하다고 느낄

때 받는 스트레스로 무기력에 빠지는 걸 말한다. 이런 탈진 증후군은 고학년 이상의 아이들에게 생기는 경우가 많다. 이 증후군에 걸리는 아이들은 부모님이나 선생님의 말씀도 잘 듣고, 공부도 열심히 하는 착실하고 완벽한 성격인 아이들이 많다. 너무 열심히 하다가 지쳐버려서 '이대로 부모님이나 선생님 말씀을 따라야 할까?' 라는 의문을 갖는 순간, 학교에 가야 할 의무를 찾지 못한다.

그럴 때는 무엇보다 마음을 편하게 해주자. 올바른 생각만 하고 착하게 행동해야 한다는 강박감을 풀어주자. 단, 이때 부모의 가치관을 주입시키지 않도록 주의하자.

학교 가기 싫어하는 원인은 뜻하지 않는 곳에 있다

그럼, 대체 아이들한테 학교는 어떤 곳일까?

8~16살까지 9년 동안은 법으로 정해진 의무교육 기간이지만, 아이가 학교에 가는 것은 법 때문만도 아니고, 극소수의 아이들을 제외하고는 공부가 재미있어서도 아니다. 이 외에 학교로 아이들을 끌어들이는 긍정적인 힘이 작용하기 때문이다. 급식 시간이 즐거워서 가는 아이도 있다. '학교는 꼭 가야 하

는 곳'이라는 생각도 학교에 가는 힘이 되고, '학교에 가지 않으면 부모님과 선생님한테 혼나니까'와 같은 이유도 학교에 가는 동기가 된다. 그러나 무엇보다 가장 큰 힘은 친구들이 있기 때문이 아닐까?

반대로 학교에 가기 싫도록 만드는 부정적인 힘은 선생님이 무섭다든지, 공부를 잘하지 못한다든지, 급식시간이 싫다든지 하는 원인도 있겠지만 가장 큰 원인은 '교우관계'라고 본다.

일반적으로 학교에 가는 것은 긍정적인 힘이 부정적인 힘보다 우세하기 때문이다. 학교 가기를 거부하는 아이는 방금 말한 교우관계가 원만치 않은 경우가 많다. 여기서 알 수 있듯 아이들의 마음속에는 친구 사귀기가 가장 큰 부분을 차지하고 있다.

아이가 "학교에 가기 싫어"라고 한다면, 먼저 학교의 어떤 점이 아이한테 부정적인 힘으로 작용하는지 아는 게 가장 중요하다. 학교에 가지 않겠

다고 하면 어떤 긍정적인 힘이 없어졌는지(적어졌는지), 어떤 부정적인 힘이 생겼는지(늘어났는지)에 대해 아는 것이 가장 먼저 할 일이다.

그런 다음에 부족한 긍정적인 힘을 채워 넣고, 늘어난 부정적인 힘을 줄이는 방법을 아이와 함께 생각해야 한다.

"너 왕따 당하는 거 아니니?"

아침에 일어나서 괜히 꾸물거리며 학교에 가지 않으려고 한다, 엄마와 눈을 맞추지 않는다, 학교에서 있던 일이나 친구들에 대한 얘기를 하지 않는다, 갑자기 성적이 떨어졌다, 무표정하고 어두운 얼굴로 기운이 없어졌다, 지금까지 좋아서 열심히 하던 일을 하지 않는다, 왠지 자포자기한 것처럼 보인다, 가끔 손발에 상처가 나기도 하고, 교복이나 물건이 더럽혀지거나 훼손되는 등 아이한테 이상한 점이 발견되면 아이가 학교에서 집단 따돌림을 받고 있을 가능성이 있다.

집단 따돌림을 당한 아이들 대부분은 주위의 어느 누구와도 상담하지 않는다고 한다. 부모에게 상담을 하는 아이가 거의 없는 것이 현실이다.

하지만 부모는 아이의 기분에 민감해야 한다. 집단 따돌림을 당하는 아이는 말을 하지 않더라도 반드시 어떤 형태로든 사인을 보내 도움을 요청한다. 물론 부모가 그 사인을 빨리 눈치채는 게 중요하다.

단, 그 사인에 눈치를 챘다 해도 "무슨 일 있니?" "너 혹시 왕따 당하는 거 아니야?"와 같이 직접적인 질문은 던지지 말자. 그렇게 물어도 아이는 말하지 않는다. 아이가 입을 다물고 있다고 해서 꼬치꼬치 캐묻거나 추궁을 하면 아이는 더욱 입을 굳게 다물고 만다.

물론, 상처를 입고 왔다면 얘기가 달라지지만, 부모는 '무슨 일이 있는지 알고 있어' '지금은 괴로워서 말하기 힘들겠지만 네가 말해줄 때까지 기다릴게' 라는 메시지를 아이에게 보내자.

그런 다음, 그 일은 잠시 접어두고 아이와 함께할 만한 작업을 생각해보자. 예를 들어 꽃을 한 아름 사와 커다란 꽃병에 꽂아 본다든가, 쿠키를 함께 만들어본다든가, 낚시를 좋아하는 아이라면 함께 낚시를 하러가도 좋다. 물론, 아빠의 도움도 여러모로 필요하다. 아무런 말을 안 해도 아이와 함께 공동으로 작업하는 것만으로도 상처받은 아이의 마음은 상당부분 치유

된다. 부모와 함께 같은 작업을 하다 보면 부모가 자기를 받아들이고 있다는 걸 피부로 느끼기 때문이다. 아이한테는 그 시간이 누군가에게 평가나 벌을 받지 않는, 편안하고 안락한 기분으로 보낸 시간이 될 것이다.

또, 지금까지 활기찬 아이였거나 몸을 움직이는 걸 좋아하는 아이였다면, 몸을 단련시키는 일에 관심을 갖게 하는 것도 한 가지 방법이다. 검도나 유도, 태권도 등을 시키는 건 어떨까? 운동으로 몸을 단련하면 자신감도 생기고 정신력도 강해진다.

꾸준히 연습을 한다면, 자기를 따돌렸던 아이가 폭력을 쓰려고 할 때 맞서는 자세를 취할 수도 있다. 실제로 싸우지는 않더라도 싸울 자세를 취하면 따돌렸던 아이가 '어? 저게 왜 저러지? 만만한 녀석이 아닌 것 같은데?'라는 생각을 할 수 있기 때문이다. 이렇게만 해도 따돌림은 현저히 줄어든다. 물론, 건성으로 폼을 잡는 것이 아닌 위엄 있는 기세로 해야 한다.

어떤 사람한테 이런 말을 들은 적이 있다. 그 사람이 아직 5~6살인 유치원생이었을 때, 초등학교 3학년인 누나와 함께 놀이터에 갔는데, 초등학교 4~5학년으로 보이는 남자 아이 셋이 와서 자기 장난감을 뺏었다고 했다.

울음을 터트리려고 하자, 함께 있던 누나가 "우리 동생 장난감이니까 당장 돌려줘!"라고 굉장히 무서운 기세로 말했다고 한다. 결국 남자아이들은 남동생을 생각하는 작은 여자아이의 기세에 눌려 장난감을 돌려줬다고 한다. 그로부터 20년이 지난 지금까지도 그 당시 누나의 당당함과 멋진 모습은 잊지 못한다고 했다.

"이제 괜찮아"

아이가 학교에서 당한 힘들고 괴로운 일을 조금씩 말하기 시작하면, 아이의 말을 진지하게 들어주자. 그러면서 "얼마 전부터 무슨 일이 있는 줄 알았어. 힘들었지? 하지만, 이제 괜찮아. 말해줘서 고맙구나"라고 부드럽게 말해주자.

단, 너무 꼬치꼬치 캐묻지 않도록 주의하자. 먼저, 아이의 괴로운 마음을 충분히 받아주고 이해해주자.

괴로운 마음을 누군가에게 말하고 상대가 자신의 마음을 알아준다고 느끼면, 그것만으로도 아이의 마음은 훨씬 편해진다. 상담학에서는 이를 '수용과 공감'이라고 한다. 일시적으로 친구들한테 소외당한 경우는 이렇게만 해도 해결되는 경우가 있다. 마음이 변하면 행동도 변하므로 친구들과의 관계가 원만하게 풀리기 때문이다.

하지만 그렇지 않은 경우에는 엄마가 함부로 행동해서는 안 된다. 갑자기 담임선생님이나 교장선생님을 만나러 가거나, 따돌린 아이의 부모에게 전화를 거는 행동은 하지 말자. 시간을 두고 아이와 충분히 대화를 나눈 뒤, 어떻게 하면 원만히 해결할지 함께 생각해보자. 물론, 대화를 한 뒤에 선생님께 상담하는 편이 좋다는 결론이 나왔으면 그렇게 해도 좋다.

아이를 대할 때 '엄마는 네 편이야. 엄마는 널 위해서라면 무슨 일이든 할 거야'와 같은 신뢰감을 주고 안심시키는 것이 무엇보다 중요하다. 그것이 상처받은 아이의 마음을 치유하는 최고의 약이다.

'사람은 모두 같다'는 잘못된 생각

우리들은 지금까지 '남들처럼' '모두 함께'를 추구하며 살아왔다. 겉으로는 개성을 존중하는 교육을 목표로 내세우지만, 실제로 가정이나 학교 모두, 개성을 중시하는 교육은 하지 않았다. 오히려 너무 평등에 치중한 결과, 이질적인 것을 배척하는 경향이 강해졌다. 이것이 집단 따돌림의 원인 중 큰 부분을 차지하지 않을까?

십인십색(十人十色)이라는 말이 있다. 열 명의 사람을 모아놓고 보면 똑같이 생긴 사람은 한 명도 없다. 얼굴뿐 아니라 성격, 사고방식, 행동이 다른 것은 당연하다. 원만한 인간관계의 출발은 각자 개개인의 차이점을 인정하는 데서 시작한다.

아이들이 사람을 그릴 때 어떻게 그리는가? 만화의 영향으로 금발을 그리는 아이도 있지만, 대부분의 아이들은 검은 머리에 검은 눈동자의 사람을 그린다. 왜 그럴까?

교실을 둘러보면 반 아이들 대부분이 검은 머리에 검은 눈동자를 갖고 있다. 우리들은 평상시 생활을 할 때도 우리와 비슷한 외모를 가진 사람들과 함께 생활하고 있다. '사람은 모두 같다'고 하는 말은 이런 이유 때문에 나왔으리라고 본다.

그러나 미국을 예로 들어보자. 미국은 다양한 민족 출신에 다양한 언어를 쓰는 사람들이 사는 나라이다. 주위를 둘러봐도 검은 머리의 사람은 소수에 불과하고, 갈색 머리, 금발, 은발, 빨강 머리 등 다양한 머리색을 가진 사람이 있다. 머릿결도 직모에 가까운 사람이 있고, 곱슬머리인 사람이 있다. 부부는 물론이고, 부모 자식, 형제라도 다른 머리색과 머릿결을 가진 경우가 많다. 눈동자 색도 마찬가지다. 갈색, 회색, 초록, 검정

등등 모두 다른 색을 갖고 있다.

이처럼 생김새가 다르기 때문에 그 나라 사람들은 처음부터 '난 다른 사람과 달라. 다른 게 당연해'라는 생각한다. 우리들도 서로가 다르다는 점을 인정해주는 의식을 가져야 하지 않을까?

집단 따돌림에 저항하는 강인함은 이렇게 길러진다

유감스럽게도 요즘에는 어떤 아이도 따돌림을 당할 가능성이 있다. 단, 장기간에 걸쳐 따돌림을 받은 아이들에게는 공통된 특징이 있다.

자기 자신의 주장을 확실히 펴지 못하거나, 난처한 일을 당했어도 혼자 힘으로 해결하지 못하는 나약함을 갖고 있다는 점이다. 이런 타입의 아이들은 말도 잘 듣고 나름대로 공부도 잘 하지만, 조금이라도 어려움에 부딪히면 맞서려하지 않고 '난 못해' 하며 도망쳐버리고 만다.

사람의 성격은 쉽게 바뀌지 않는다. 하지만 부모가 어떻게 대하느냐에 따라 조금씩 강한 아이로 바뀔 수 있다.

지금껏 아이를 과보호 하거나 응석받이로 키우진 않았는가?

반대로, 아이에게 과도한 기대를 하거나 당신의 이상에 맞는 아이로 기르기 위해 엄하게 키우진 않았는가?

그렇게 키운 아이들은 주어진 일은 잘 해도, 새로운 일을 시작할 때 상당히 불안해한다. 그건 자발성이나 자신감이 자라지 않았기 때문이다. 그래서 싫어도 '싫어' 라고 못하고, 따돌림을 당해도 '하지 마!' 라고 못하다보니 따돌림은 더욱 심해진다. 또, 힘이 센 아이가 명령을 하면 거절하지 못하고 마음과는 달리 따돌림에 동참하는 경우도 생긴다.

강한 아이로 키우려면 스스로 할 수 있는 일을 조금씩 늘려가도록 부모가 지도해줘야 한다. 그리고 아이가 혼자서 했을 때는 칭찬하고 격려해준다.

또, 부모가 시켜서 하는 것이 아닌, 자기 스스로 생각하고 행동하는 훈련도 필요하다. 물론 처음부터 잘 하지는 못할 것이다. 만일 실패하더라도 혼내거나 "역시 안 되나봐"라고 하지 말고, "네가 이걸 만들었구나. 잘 했어" "전보다 훨씬 나아졌는데? 조금만 더 하면 되겠다"와 같은 말로 격려해주자.

인정받고 격려받으면, 아이는 자신감을 갖고 자기 자신을 긍정적으로 바라본다. 그러면 자기주장을 펴고 싶을 때는 분명히 거절하는 용기를 갖는다.

아이가 학교에서 따돌림을 당했을 때 "그러니까 똑바로 했어야지!" "'하지 마!' 라고 하면 되잖아!"와 같은 말은 아무런 도움이 못된다. 오히려 아이를 궁지로 몰아넣을 뿐이다.

그보다 아이의 괴로운 마음을 헤아리고 공감을 해주는 편이 훨씬 효과적이다.

선생님을 칭찬하기만 해도 아이에게 좋은 영향을 준다

아이가 유치원이나 초등학교 담임선생님과 잘 지내지 못하는 일이 종종 있다.

부모나 아이는 담임선생님을 고를 수 없다. 그래서 신학기가 시작되어 담임선생님이 정해지면, 그 선생님의 평판이 어떻든 먼저 '좋은 선생님'이라고 생각하는 것이 최우선이다.

이 세상에는 여러 종류의 사람이 있다. 또, 성격에 따라 맞고 안 맞을 수가 있다. 다른 아이한테 좋은 선생님이었다고 해서, 당신 아이한테도 반드시 좋은 선생님이라는 보장은 없다. 물론, 그 반대인 경우도 있다.

매년 어떤 선생님이 담임이 될지 모르므로, 어떤 선생님을 만나더라도 잘 지내도록 폭 넓은 대인관계를 쌓게끔 아이를 키워야 한다.

  이것은 비단 학교뿐 아니라, 아이의 일생이 달린 문제이기도 하다. 사람은 어떤 직업을 갖든, 어떤 생활을 하든, 반드시 남과 도움을 주고받는 관계를 맺기 때문이다. 어른이 됐을 때 힘들어하지 않도록, 어릴 때부터 원만한 인간관계를 맺도록 키워야 한다.

  먼저, 어릴 때부터 많은 사람을 만나게 하자. 예를 들어 아이가 취학 전이라면, 가까운 놀이터나 공원에 놀러가기도 하고, 친척이나 부모의 친구 아이들과 놀게 하는 것도 좋다.

  다양한 위치와 연령대의 사람들과 많이 만나다보면, 세상에는 자기와 자기 부모와는 다른 생각을 하는 사람, 다른 행동을 하는 사람이 있다는 것을 서서히 깨닫고 사람을 보는 눈도 넓어진다. 그러면 어떤 선생님이 담임이 되더라도 무난히 잘 맞춰나간다.

  또, 아이의 성격도 문제가 된다. 처음 보는 사람과도 말을 잘 하고 적극적으로 놀이에 뛰어드는 아이가 있는 반면, 소극적인 성격이라 친구들 무리 속으로 잘 들어가지 못하는 아이가 있다. 경우에 따라서는 선생님이 아이가 소극적인 성격이라는 사실을 모르는 수가 있다. 아이가 그런 성격이라면 선생님께 미리 말해두는 것도 좋은 방법이다.

마지막으로, 담임선생님한테 문제가 있는 경우가 있다. 그러나 사람을 소문만으로 판단하는 건 위험하다. 먼저 사람은 누구나 한 가지 이상의 장점을 갖고 있기에, 선생님의 장점을 인정하려고 노력하자. 그리고 아이 앞에서 선생님을 칭찬하자. 아이 앞에서 선생님을 비판하는 말이나 험담은 절대로 해서는 안 된다.

사람은 희한하게도 상대방을 좋게 생각하면 좋아지게 되어 있다. 아이가 선생님을 좋아하면 아이와 선생님의 관계도 분명히 좋아질 것이다.

그러나 아무리 생각해도 선생님한테 문제가 있는 경우가 있다. 그 때는 다른 아이들이나 부모들도 힘들어할 것이다. 먼저 부모들과 연락을 주고받아 충분한 대화를 나눈 뒤, 필요에 따라서는 학년주임 선생님이나 교장선생님과 상담하는 것이 좋다. 단, 쓸데없는 소란을 일으키지 않도록 주의하자.

전근과 전학

전학은 여러 의미로 큰일이다. 오랫동안 살던 정든 동네를 떠나고 친한 친구와도 헤어져야 하는 등, 쓸쓸하고 힘든 일로 가득하다. 하지만 아빠의 전근과 같이 어쩔 수 없는 이유 때문이라면 전학에 대해 나쁜 면만 보지 말고 좋은 면을 생각하도록 하자.

아이의 성격에 따라 다르겠지만, 사사로운 일에 신경 쓰지 않는 대범한 성격이라면 "외국으로 가는 것도 아닌데 별 것 아니야"라는 식으로 말하고, 부모가 이사 가는 걸 즐거워하는 모습을 보여주면 된다.

하지만 신경이 예민하고 걱정이 많은 아이라면 '새 친구를 사귈 수 있을까?' '왕따를 당하면 어떡하지'와 같은 걱정을 할지도 모른다. "엄마가 네 옆에 있으니까 괜찮아, 걱정 마"라고 말하는 것도 중요하지만, 그 말만으로는 아이가 안심하지 못할 수도 있다. 그럴 때는 아이와 함께 이사갈 지역의 역사나 문화, 지리 등을 조사해 보는 건 어떨까? 그 지역 출신의 유명 인사나 지역 축제, 관광지 등을 찾아 보고 공부해 두자.

예를 들어 그 지역 출신의 유명한 문학가가 있다면, 언제 어디서 태어나 어떤 생활을 한 사람인지, 어떤 작품이 있는지 조사해보자. 아이가 아직 저학년이라면 엄마나 아빠가 함께 도서관에 가서 어떻게 찾는지 가르쳐주는 방법도 있다. 또, 그 사람의 작품을 읽고 맘에 드는 시를 한편 외워둬도 좋다. 이것은 과시하기 위해서가 아니라, 전학 간 학교에서 생활하는 데 자신감으로 연결시키기 위한 일이다.

지역의 특산물이 무엇인지 알아 둬도 좋다. 그 지역의 도시나 마을이 어디에 있는지 알고 가도록 하자. 여러 가지를 조사하다 보면 새로운 곳으로 가는 일이 즐겁게 느껴질 것이다.

그리고 무엇보다 중요한 점은, 엄마 아빠가 새로운 곳에 가는 걸 즐거워하는 모습을 아이에게 보이는 것이다. "이번에 가는 곳은 어떤 곳일까? 정말 기대된다!"와 같이 기대에 찬 모습을 아이에게 보여줘야 한다. '어떤 사람과 친구가 될까?' 라는 생각으로 부모 자신도 적극적인 자세로 친구를 만들도록 하자.

모르는 곳에 가는 것은 어른에게도 마음이 무거운 일이다. 그러나 어차피 가야 하는 일이라면 즐겁게 지내도록 긍정적인 생각을 하는 편이 낫지 않을까?

3장 반항기는 재능이 싹트는 기회!

아이가 "싫어!"라는 말을 하게 되면?

"밥 먹을래?"

"싫어."

"양치해야지."

"싫어."

"왜 안 해? 양치질 안 하면 이빨 다 썩어서 새카맣게 되는데?"

"그래도 싫어!"

"옷 입자."

"싫어! 엄마 미워, 저리 가!"

반항기에 들어선 서너 살 정도의 아이들은 무슨 말을 해도 꼭 "싫어" "미워"를 연발한다. 말도 제법 늘고 지혜도 생기면서 자아가 싹트기 때문이다. 지금까지 무슨 일이든 엄마가 시키는 대로 하자는 대로 순순히 따랐던 아이가, 엄마가 무슨 말을 하든 무조건 "싫어!"로 일관하며 말도 안 듣고 떼를 쓰기 시작한다.

매일같이 이런 아이를 상대하다보면 당연히 엄마도 힘들고 지친다. 그러나 부모의 눈에는 '반항'으로 보이는 이 시기가 아이의 성장에는 중요한 단계이다. 반항하는 아이와 같은 위치에서 대응을 한다고 해도 상황은 좀처럼 좋아지지 않는다.

반항기에 접어든 아이의 대응방법에는 세 가지가 있다.

첫째는, 아이의 자립적인 반항을 기쁜 마음으로 받아들이는 것이다. 그렇다고 아이가 하자는 대로 따르라는 말이 아니다. 어떡하면 아이의 성장에 도움이 될지 생각해서 대응하자는 것이다.

그러려면 갑자기 화를 내서는 안 된다. 이것이 두 번째 방법이다. 부모가 화를 내면 아이의 분노와 부딪힐 뿐이다. 부모는 어른이므로 아이가 왜 반항을 하고 화를 내는지 생각할 능력이 있다. 아이가 분노하는 이유를 잘 듣고 옳다고 생각하면 공감해주자. 그러면서 어른 사회의 규칙을 말해줘야 한다.

세 번째는, 아이와 함께 생각하고 어떻게 하면 좋을지 판단하거나 납득시키는 방법이다. 예를 들어 아이가 장난감을 갖고 싶어 할 때, 바로 "안 돼!"라고 하지 말고 왜 갖고 싶은지 이유를 물어보자.

"저거랑 비슷한 거 갖고 있잖아." "저것보다 네가 전부터 갖고 싶었던 것을 사지 그러니?" "장난감은 생일날만 산다고 약속했잖아. 그럼 그 때까지 기다려야지" "저게 없으면 친구들하고 놀지 못하니?"와 같은 질문을 하면서, 아이와 함께 이유를 생각해보자.

단, 다그치거나 문책하듯이 하면 효과가 없다. 때로는 아이 입장에서 생각하고, 때로는 부모의 생각을 전해야 한다. 또, 너무 집요한 것도 좋지 않으므로 적당한 선에서 결론을 내도록 하자.

반항심은 자립심 – 참견 않고 도와주는 방법

반항심은 무엇일까? 자립하고자 하는 마음을 아이들은 주로 "싫어"로 표현한다. 아이가 "엄마 아빠, 전 이렇게 하고 싶어요. 제가 할 수 있는지 한 번 시켜봐 주세요"라고 자신의 마음을 표현한다면, 분명 부모도 '그래, 어디 한번 볼까?' 하는 마음이 들 것이다. 하지만 실제로 아이는 자립하고자 하는 마음을 "싫어" "내가 할 거야"와 같은 말로 표현한다. 그 때문에 부모 눈에는 반항적이고 말 안 듣는 아이로 비춰진다.

아이가 성장하면서 이 같은 반항심을 확실히 표현하는 시기가 두 번 있다. 첫 번째는(제1차 반항기) 4살 무렵부터 5~6살까지, 두 번째는(제2차 반항기) 초등학교 6학년부터 중학교 1~2학년에 걸친 시기이다. 제1차 반항기가 '자율'을 원하는 시기라면, 제2차 반항기는 '자립'을 하려는 시기라고 할 수 있다.

제1차 반항기에 있는 아이들은 무슨 일이든 "싫어!"라고 하며 부모의 보살핌을 거부한다. 예를 들어 엄마가 옷을 입혀주려고 하면 "싫어, 내가 할 거야!"라고 한다. 그렇다고 혼자서 하도록 놔두면 제대로 하지 못한다. 단추 하나를 채우는 일도 아이에게는 큰일이다. 고개를 숙여 내려 봐도 단추 구멍이 있는 가슴 부분은 잘 보이지도 않고, 손도 움직이기 어렵기 때문이다.

보다 못해 부모가 거들어 주려고 하면, 아이는 더욱 강하게 거부한다. 그러다 부모가 강제로 단추를 채우기라도 하면, 떼를 쓰며 울음을 터트린다. 부모는 '겨우 단추 하나 채워준 것을 갖고 …'라고 생각하겠지만, 아이한테는 매우 중요한 일이다.

이 시기에는 가능한 아이가 하고 싶어 하는 일을 하게끔 하자. 그리고 부모는 끈기 있게 아이를 지켜보며 아이가 그 일을 다 마칠 때까지 기다려주자.

아이가 혼자서 옷 단추를 채우려고 해도 처음에는 제대로 채우지 못한다. 하고 싶은 마음과 못하는 현실 속에서 아이는 점점 초조해한다. 이때 부모는 입고 벗기 편한 옷이나 잠옷을 준비해줘야 한다. 아무리 예쁘고 마음에 드는 옷이라도 뒤트임 옷이나 작은 단추가 많이 달린 옷은 피하도록 하자.

또, 떼를 쓸 기미가 보이면 자연스럽게 도와주는 것도 좋은 방법이다. 이 경우, 타이밍을 잘 맞추는 것이 중요하다. 늘 아이와 가까이 있는 엄마라면 파악하기 쉬울 것이다. 엄마가 싫다는 아이에게 억지로 다 해주는 것이 아니라, 떼를 쓰기 바로 직전에 살짝 도와주는 것이 요령이다.

엄마가 약간 도와줬더라도 아이가 했을 때는 칭찬을 해주자. 이 연령의 아이들은 부모에게 받는 칭찬이 가장 큰 기쁨이다.

이것은 한 가지 일을 해냈다는 성취감과 연결되고 의욕을 불러 일으킨다. 다소 이상하더라도 그냥 넘어가고 칭찬으로 마무리 짓자. 만일 그 자리에서 고쳐주거나 하면 아이는 실망하여 애써 맛본 성취감마저 사라진다. 잘못하면 화를 내며 떼를 쓸지도 모른다. 아무리 봐도 마음에 들지 않을 때는 조금 시간이 지난 뒤에 자연스럽게 고쳐주도록 하자.

이렇게 부모가 칭찬하고 아이에게 성취감을 맛보게 해주면 떼를 쓰는 일도 줄어든다.

의욕을 억누르는 건 금물

제1차 반항기는 보통 반년에서 1년 정도로 끝난다.

5살이 지나면 자신의 감정이나 의사를 자유롭게 표현하는 방법을 익힌다. 운동능력도 발달하고 자신의 생각대로 손과 발을 움직일 수 있기 때문에, 혼자서 밥을 먹고 옷을 갈아입는 일도 잘 한다. 부모도 아이가 혼자서 할 수 있는 걸 알고, 아이가 하도록 놔두는 일이 점점 많아진다. 이러면 아이는 떼쓰는 일이 줄어들면서 반항기를 마치게 된다.

반항기는 아이 발달을 위해 중요한 단계 중 하나이다. 정신적인 자립으로 가는 첫 걸음이자, 모자 분리의 시작이기도 하다. 이 시기를 잘 넘기는 일은 앞으로 아이와 좋은 관계를 쌓는데도, 아이가 사춘기·청년기 때 자립을 하기 위해서도 매우 중요하다.

네 살을 전후로 아이들은 자기만의 세계를 갖는다. 스스로 하고자 하는 마음, 즉 '의욕'이 싹트는 시기이다. 그러나 아직 어리기 때문에 자기 생각대로 행동을 하면, 부모가 정한 규칙이나 사회 규칙에 어긋나는 일이 많다.

그렇다고 아이의 의욕을 억누르면 아이는 욕구를 충족하지 못해서 울기도 하고, 화를 내기도 하고, 떼를 쓰기도 한다. 이런 일들이 오랫동안 지속되면 자아 발달을 하지 못하기 때문에, 사춘기 때 문제를 일으키는 경우도 있다.

그러므로 부모는 아이가 무언가 하고 싶어 하면 그 기분을 최대한 존중해서 하도록 해야 한다.

만일, 아이가 혼자서 밥을 먹고 싶다고 하면 그렇게 하도록 놔두자. 대체로 엄마들은 청소하기 힘들다는 생각에 밥을 먹여 주는데, 이럴 땐 지혜가 필요하다. 흘리고 묻혀도 닦기 편하게 앞치마를 걸쳐주든가, 식탁 아래에 신문지를 깔아두는 건 어떨까? 음식의 크기와 양을 고려해 담아 주는 센스도 발휘하자.

주위에서 너무 잔소리를 많이 하면 아이가 밥 먹는 걸 싫어할 수도 있다. 아이가 식사시간을 즐거워하도록 엄마가 여러 가지 아이디어를 생각해 보자.

"이 세상에서 네가 제일 좋아"

아이의 반항기는 '자기 의사를 말로 표현하다니, 우리 아이가 벌써 이렇게 컸구나' 라고 넓은 마음으로 받아주자.

만약, 아이가 밥 먹기가 싫다고 하면, 한 끼 정도는 걸러도 상관없다고 생각할 정도의 여유를 갖는 것이 좋다. "응, 그럼 점심 안 먹을 거지?" 하고 반대로 말하면, 아이가 "먹을래!" 하고 대답하기도 한다. 혹은, 아이가 "응, 안 먹을 거야"라고 하면, "아, 그래? 오늘 반찬은 진짜 맛있는 건데 할 수 없지, 뭐" 하며 엄마 아빠 것만 식탁에 차려보자. 처음에는 "그래도 안 먹어" 하며 버티지만 맛있게 먹는 엄마를 보면 "맛있어?" 하고 먼저 묻는다. 그러다 "엄마, 나도 먹고 싶어"라고 할 때 같이 먹으면 된다. 아이가 싫다고 했다고 무턱대고 화를 내면 부모가 지는 것임을 명심해 두자.

또, 울거나 떼를 쓸 때는 밖에 데리고 나가거나 다른 일로 관심을 돌리는 것도 좋다. 엄마가 아이와 함께 소리지르거나 화를 내지 않는 점이 가장 중요하다.

떼를 쓰는 아이는 종종 "엄마, 미워!"라는 말을 할지도 모른다. 그럴 때 "엄마도 그런 말 하는 네가 미워!" "그런 말 하는 아이는 엄마 자식도 아니야!"와 같은 말은 결코 해서는 안 된다. 부모는 별 생각 없이 말했을지 몰라도 아이는 진심으로 받아들인다.

부모가 화를 내고 상처 주는 말을 하는 건 아이와 같은 위치에서 대응하기 때문이다. 부모는 어른이므로 '밉다는 말을 할 만큼 컸구나' 하고 아이의 성장을 기쁜 마음으로 바라보는 여유를 가져야 한다.

그리고 아이가 '미워'라고 한 말은 결코 진심이 아니다. '미워'라는 말을 배운 것이 기뻐서 써보고 싶기도 하고, 엄마의 반응이 어떤지 호기심에서 할 뿐이다. 아이가 세상에서 가장 좋아하는 사람은 엄마다. 엄마는 자신감을 갖고 아이에게 '네가 제일 좋아'라는 메시지를 전달하도록 하자. 그러면 아이는 안심하고 반항기를 빨리 마칠 수 있다.

'해도 되는 일'과 '해서는 안 되는 일'

요즈음에는 아이가 떼를 쓰더라도 '주의를 주면 더 심해지니까 …'라는 이유로 아이가 하자는 대로 하는 부모를 자주 본다. 하지만 이것은 아이를 위해 좋은 일이 아니다. 앞 장에서 말했듯이 아이의 주장을 인정하는 건 중요하지만, 아이가 하자는 대로만 하면 버릇없고 자기중심적인 아이가 되고 만다.

말을 이해하는 나이가 되면 아이가 울거나 떼를 부릴 때, 어느 정도는 말로 주의나 제재를 가해야 한다. 물론, 부모가 주의를 주면 더욱 크게 울거나 화를 낼지도 모른다. 그래도 한

번 주의를 줬던 일은 끝까지 관철해야 한다. '시끄러우니까 됐어'라는 생각으로 도중에 타협해버리면 올바른 가정교육이 이뤄지지 않는다.

그렇다고 뭐든지 못하게 막고 하루 종일 주의만 준다면 아이도 스트레스를 받는다. 중요한 것은 '해도 되는 일'과 '해서는 안 되는 일'의 선을 분명히 해야 한다는 점이다. 아니면, 한 가지 정도는 아이 마음대로 해도 되는 일을 정해두는 것도 좋다.

내 경우에는 아이가 아직 어렸을 때, 장난감은 생일이나 크리스마스처럼 특별한 날에만 사준다는 규칙을 정해놨었다. 그래서 백화점에 데리고 갔을 때 아이가 장난감을 보고 갖고 싶어 해도 (그 전에 장난감 가게를 지나치지 않는 것은 말할 필요도 없겠지만) '오늘은 안 돼'라는 태도로 단호히 밀어붙였다.

단, 딱 한 가지 허용한 것이 있다. 책만은 언제든지 사준다는 규칙이었다.

덕분에 아이는 책을 좋아하게 됐으니 일석이조의 효과를 본 셈이다. 이와 같은 규칙을 정하면, 이 세상은 자기가 원한다고 뭐든지 되는 게 아니라는 사실을 깨닫는다.

물론, 어떤 것을 못하게 하고 어떤 것을 허용할지는 각 가정의 방침에 맞게 정하면 된다.

제멋대로인 아이에게 참을성 길러주기

아이가 반항적인 태도를 보이는 데는, 지금까지 말했던 자립심의 표현 외에도 단순히 자기만 생각하는 이기적인 마음에서 나오는 응석도 있다. 이것을 '비자립적인 반항'이라고 부른다.

비자립적인 반항의 경우, 먼저 부모는 진지한 태도로 아이를 대해야 한다. '엄마와 아빠는 지금 심각해'라는 사실을 아이가 깨닫게 하자. 유아기 때 부모의 대응이 적절치 못하면, 아이는 언제까지고 자립하지 못한 채 있다. 아이가 버릇없이 구는 걸 계속 받아줬기 때문에 비자립적인 반항을 하는 것이다.

아이를 버릇없는 아이로 키우지는 않는가?

아이가 물건을 사달라고 조를 때 '사주지 않으면 끝까지 귀찮게 구니까' '별로 비싸지도 않은데'라는 생각으로 아이가 사달라는 대로 다 사주면 참을성이 자라지 않는다. '컴퓨터 게임을 하고 싶어' '텔레비전을 보고 싶어'와 같은 아이의 요구를 모두 들어주면, 아이는 자신의 욕망을 억제하는 힘을 기르지 못한다.

욕망을 억제하는 힘은, 어릴 때부터 일상생활을 하면서 몸에 밴다. 가정교육은 벌을 주는 것이 아니다. 자기감정이나 충동을 적절히 조절하는 방법을 아이에게 가르치는 것이다.

엄격한 가정 교육을 해야 한다고 해서 소리 지르거나 때리라는 것은 아니다. 체벌을 받고 자란 아이는 '내 생각대로 하려면 힘이 강해야 해'라는 생각을 한다. 혼을 낼 때 아이가 반항을 하더라도, 때리지 말고 조용히 말로 타이르려고 노력하자. 물론 이렇게 하는 데는 끈기가 필요하다. 때려서 조용히 시키는 편이 빠를지도 모른다. 하지만 이런 식으로는 자립심이 길러지지 않는다.

아이에게 '… 해야지' '… 하면 안 돼'와 같은 말로 명령하거나 지시하지는 않는가?

아이 스스로 생각하고 판단하도록 하지 않으면 자립심은 생기지 않는다. 아이에게 다 맡긴 채 모른 척하는 것이 아니라 대화를 하면서 함께 생각해야 한다.

아이의 생각은 유치하고 이기적이고 비현실적인 경우가 많다. 하지만 그것을 바로 부정하거나 무시해서는 안 된다. 왜 그런 생각을 했는지 혹은, 왜 그것이 안 되는지 아이가 이해하도록 설명해줘야 한다.

부모의 사랑이 아이에게 제대로 전해지고 있는가?

부모는 당연히 자식을 사랑하고 자신의 애정이 아이에게 전달된다고 생각하겠지만, 반드시 그렇지만은 않다. 놀랍게도 중학생 정도의 많은 아이들이 자신은 부모한테 사랑받고 있지 않다고 생각한다고 한다.

올바른 가정교육을 하려면 부모의 애정이 아이에게 확실히 전달돼야 한다. 부모의 애정을 느껴야만 비로소 아이는 자립심을 키워가기 때문이다.

아이가 어리광을 부릴 때는 만족할 만큼 충분히 받아주자. 그렇다고 버릇없이 키우라는 말은 아니다. '어리광을 받아주는 것'과 '버릇없이 키우는 것'은 커다란 차이가 있다. 많은 사람들이 이 두 가지를 혼동하고 있다. 아이를 버릇없이 키우는 부모 본인은 아이를 사랑하니까 귀여워해준다고 생각한다. 그러나 아이는 자신이 부모에게 귀여움을 받고 있다고 생각하지 않는 경우가 있다. 이런 심리적 차이로 인해 부모와 자식 사이에 불신감이 자라나고 여러 가지 문제가 생긴다.

그럼, 어리광을 받아주는 것과 버릇없이 키우는 것은 어떤 차이가 있을까? 만약, 아이가 부모에게 어리광을 부리고 싶어 한다면 확실히 보듬어 주도록 하자. 말을 하고 싶어 하면, 어떤 말이든 설교나 비판 없이 아이의 말에 귀를 기울이자. 이것이 어리광을 받아주는 것이다. 아이를 안아주고 어깨를 토닥여주는 등 몸으로 어리광을 받아주는 것은 아무리 많이 해도 지나치지 않는다.

한편, 버릇없이 키우는 것은 아이가 어리광을 부리고 싶어 하는 마음을 모르고 받아주지 않는 것이다. "엄마"하고 어리광을 부리려고 왔는데 "지금 바쁘니까 간식 먹고 있어" "말 잘 들으면 나중에 장난감 사줄게"와 같은 식으로 아이의 어리광을 밀어내는 행동을 말한다. 엄마 품에 안기고 싶은 아이한테 물건을 안겨주면, 아이는 자기가 엄마의 따뜻한 품이 그리워서 왔다는 사실을 깨닫지 못한 채 지내고 만다. 사람은 아무리 물건을 주더라도 쉽게 만족하지 않는다. 점점 욕구만 상승될 뿐이다. 이것이 심해지면 부모에게 폭력을 휘두르거나, 가게에서 물건을 훔치는 사태로까지 발전하게 된다. 이것은 부모가 버릇없이 키웠기 때문이다.

마음을 원하는 아이에게 마음 대신 물건을 주면 버릇없는 아이가 되고 만다. 부모의 애정을 확신하지 못하기 때문이다. 아무리 물건을 준다 해도 물건은 애정을 대신하지 못한다. 부모가 바빠서 아이와 함께 있어줄 시간이 없다고 대신 물건으로 애정표현을 해도 아이의 쓸쓸한 마음은 그대로이다. 물건으로는 부모의 애정이 전해지지 않기 때문이다.

마음을 원하는 아이한테는 마음을 줘야 한다. 그런 의미에서 아이가 잘못을 했거나, 약속을 지키지 않았을 때는 진심으로 혼내도록 하자. 그리고 짧은 시간이라도 좋으니 아이를 꼭 안아주고 얘기를 들어주면서, 아이의 마음을 공감하며 같이 기뻐하고 슬퍼하자.

그러면 아이는 부모의 애정을 확신하기 때문에 혼을 내더라도 진심으로 받아들인다. 아이를 있는 그대로 받아들이고, 인정하고, 칭찬하고, 격려하고, 혼내야 할 때는 확실히 혼내는, 이것이 진정한 부모의 애정이다.

아이에게 '혼자서 한다'는 목표를 세우게 하자

부모 눈에 비치는 자식은 늘 물가에 내놓은 아이 같은 존재다. 특히 유아기·초등학교 때는 아직 어리기 때문에 더더욱 걱정이 많다. 그래서 '이렇게 해라' '이렇게 하면 안 돼'와 같이 지시·명령을 많이 하게 된다.

그러나 아이 일에 일일이 나서고, 주의를 주고, 보살피는 것이 아이에 대한 애정이라는 생각은 잘못된 생각이다. 부모가 뭐든지 나서서 해결해 주면, 아이는 누군가의 지시 없이는 행동하지 못하고 타인의 도움 없이는 아무 일도 못하는 아이로 자라고 만다.

예를 들어 시간표에 맞춰 가방을 챙기는 일도 항상 엄마가 옆에서 거들어주면 준비물을 챙기지 못해도 자기가 잘못했다는 생각을 하지 않는다. '엄마가 잘 챙겨주지 않아서 그래' 하고 엄마 탓으로 돌리며 '다음부터 주의해야지' 하는 마음을 갖지 않는다.

부모가 평생 아이 옆에서 챙기고 돌봐주지 못하므로, 아이가 자립할 수 있도록 가르쳐야 한다.

하지만 지금은 저출산의 영향으로 적은 수의 아이를 소중하게 키우는 시대이다. 부모의 신경이 온통 아이한테로 쏠려 있다. 아이는 무슨 일을 하든 당연히 부모만큼 잘 하지 못하므로 부모는 자기도 모르게 계속 참견을 하게 된다.

학교에서는 선생님의 지시에 따라 움직이는 일이 많기 때문에 다음엔 무엇을 할지, 이번에는 무엇을 하고 싶은지 생각할 틈도 없이 매일매일을 보낸다. 가정에서만이라도 아이가 스스로 생각하고 판단하여 행동할 수 있는 환경을 만들어주자.

아이의 자립심을 키우기 싶다면 먼저 아이가 목표를 세우게 하자. 어떤 일을 정해진 기간까지 혼자서 해내는 목표를 세우는 것이다.

물론, 갑자기 혼자서 하라고 해도 처음부터 잘 하지는 못한다. 먼저 어떻게 하면 목표를 달성할 수 있을지 아이와 함께 생각해본다. 이때, 부모는 지시하지 말고 "어떻게 하면 좋겠니?"라고 아이가 생각게끔 도와줘야 한다. 엄마는 어디까지나 힌트만 줄 뿐이다. 아이가 스스로 하게 되면 엄마는 점점 손을 떼도록 한다.

처음부터 잘 하는 법은 없다. 약속한 날까지 가능하도록 천천히 기다려주자. 육아에서 가장 필요한 것은 인내다. 부모는 아이의 발전을 믿고 기다리는 인내를 가져야 한다.

아이가 혼자서 하려면 부모가 어떻게 도와줘야 하는지 몇 가지 예를 들어 소개하고자 한다.

• 정리정돈 : 커다란 상자를 준비해서 그곳에 넣도록 하자.

물건을 치우고 정리정돈하는 일은 습관의 문제이다. 어릴 적에 장난감을 정리하고, 옷을 개고, 신발을 가지런히 놓는 등의 가정교육을 제대로 받은 아이는 자신의 방이나 구역이 생기면 스스로 정리정돈을 잘 한다.

이런 가정교육은 초등학생 때부터 해도 늦지 않는다. 반드시 정리정돈하는 습관이 배도록 해주자.

아이 방이라면 최소한 책상과 책장은 있을 것이다. 그 외에 어떤 가구가 있는가? 물건을 정리하려면 수납할 곳이 있어야 한다. 단, 너무 많이 있어도 사용하지 않기 때문에 수납공간은 어디까지나 심플해야 한다.

아이가 유아라면 커다란 상자를 준비하고 상자 안에 전부 넣는 것부터 시작해 보자.

물론, 수납 상자를 준비해서 "자, 이제 정리해"라고 시킨다고 아이가 정리정돈을 잘 하는 건 아니다. 엄마가 함께 정리하면서 어떻게 정리하는지 본보기를 보여줘야 한다.

처음에는 아이보다 엄마가 거의 대부분 정리해야 할 것이다. 그래도 개의치 말자. 하다보면 점점 요령을 터득하기 때문에 초등학생이 될 무렵에는 혼자서도 잘 하게 된다.

놀이가 하나씩 끝날 때마다 "정리해야지!"라고 잔소리를 하는 것은 문제가 있다. 가정마다 주택 사정에 따라 달라지겠지만 죄소 하루 한 번 자기 전

에 정리하는 것부터 시작해보자.

아이들은 장난감도 살아있다고 느낀다. 그러므로 "우리 은지도 잘 거니까 장난감도 자라고 자기 방에 데려다 주자"고 말하며 즉흥적이어도 좋으니, 정리할 때 부르는 노래를 만들어 아이와 함께 노래를 부르면서 상자 안에 넣는 방법도 좋다.

엄마가 꼼꼼해서 뭐든 제자리에 둬야 직성이 풀리는 성격이라면 "미니카는 이쪽이잖니!" "블록조각은 잃어버리지 않게 통에 넣어 두고!" 등의 말을 하고 싶겠지만 잠시 참고, 우선은 상자 속에 넣는 일부터 시작해보자. 그래도 도저히 신경에 거슬린다면 아이가 잠들었을 때 엄마가 하고 싶은 대로 정리하자. 아이가 보는 앞에서 엄마가 다시 정리를 하면 정리정돈하는 습관은 들여지지 않는다.

정리를 마친 뒤, 방안이 깨끗해지면 "와, 깨끗하니까 너무 기분 좋다! 우리 은지가 다 컸네, 정리도 잘 하고"와 같은 말로 칭찬하고 격려해주자.

초등학생이 되면 장난감뿐 아니라 학용품도 정리해야 한다. 시간표대로 가방을 챙기기 쉽도록 깔끔하게 정리해야 한다. 꺼내 쓰기 편한 수납장소를 만들어주자.

정리정돈을 할 때는 엄마가 모든 걸 지시하지 말고, 아이와 함께 상의하면서 하자. 스스로 하지 않으면 언제까지고 혼자서 하지 못한다. 아이가 스스로 생각하게끔 적극적으로 밀어주자.

• **준비물 챙기기** : '자기 일은 자기가 한다'는 습관을 들여 책임감을 기른다.

학교나 유치원에 내는 준비물이나 과제를 자주 빠뜨리는 아이가 있다. 엄마가 "또 잊었어! 몇 번을 말해야 알아!"라고 혼을 내도 쉽게 고쳐지지 않는다. 왜냐하면 말로 한다고 해서 고쳐지는 문제가 아니기 때문이다.

지금까지 아이를 어떻게 키웠는지 뒤돌아보자. 과잉보호나 과도한 간섭은 하지 않았는가?

엄마가 하나부터 열까지 일일이 챙겨주면, 아이는 스스로 생각하고 판단하지 못한다. 엄마가 시키는 대로만 하면 뭐든지 쉽게 해결되기 때문에 아이가 혼자서 할 필요가 없기 때문이다.

혹시 아이에게 과도한 주의를 주거나 지시를 하지 않는가? 아침에 일어나면 "어서 세수해" "그러다 엎질러!"와 같은 말을 하지는 않는가?

아이가 무슨 일을 할 때마다 일일이 "그렇게 하면 안 돼"

"이렇게 하면 안 된다니까"라고 주의를 주면 듣는 아이도 짜증이 난다. 그러다 보면 아이는 엄마 말을 건성으로 듣고 넘긴다. '또 잔소리가 시작됐잖아' 라고 생각하고 한 귀로 듣고 한 귀로 흘려보낸다.

어릴 때부터 모든 일에 지시를 받고 자란 아이는 '남의 말을 적당히 듣는' 습관이 생긴다. 그래서 남의 말을 진지하게 듣지 못한다. 남의 말을 적당히 듣는 태도가 몸에 배면 선생님 말도 제대로 듣지 못한다.

그 외의 생활습관이나 태도는 어떤가?

유치원이나 학교에서 돌아오면 가방은 한 구석에 던져놓은 채로 있지는 않는가? 책가방은 그날그날 정리하고, 다음 날 시간표에 맞춰 싸는 습관이 들여 있는가? 엄마가 항상 옆에서 챙겨주면 자주성은 자라지 않는다. 그리고 본인이 직접 챙기지 않으면 어디에 무엇이 있는지 알지 못한다.

또, 책상 주위는 깨끗이 정리돼 있는가? 교과서나 공책, 그 외에 학교에서 사용하는 도구가 제자리에 놓여 있는가? 책상 주위나 방이 어질러져 있으면 다음 날 책가방을 싸는데도 시간이 걸리고 준비물을 잊는 일도 많아진다.

초등학생이 되면 자기 일은 자기가 하는 습관을 길러줘야 한다. 너무 심한 잔소리는 하지 말고 조금씩이라도 좋으니 스스로 하게끔 시켜보자.

물론 처음에는 잘하지 못하겠지만 엄마가 도와주지 않는다는 걸 알면, 아이는 자기가 해야 한다는 사실을 깨닫는다. 조금은 시간이 걸리겠지만 여유를 갖고 천천히 지켜봐주자.

• 집 보기 : 두려운 마음을 '공감' 하는 것부터 시작하자.

혼자서 집을 못 보는 아이가 있다. 왜 집을 못 보는지 원인은 생각하지도 않고 "초등학생이면서 혼자 집도 못 보면 어떡해!" "그런 말도 안 되는 얘기하지 말고 집이나 봐!" 라는 식으로 집 보기를 강제로 시키거나 명령하는 것은 생각해볼 문제다.

왜 혼자서 집을 보고 싶지 않을까(못 볼까)? 원래부터 외로움을 많이 타거나 겁이 많은 아이인가?

이런 아이들은 '혼자서 집을 보고 있을 때 도둑이 들어오면 어떡하지.' 라는 생각으로 불안해할 수도 있다. 소심한 아이의 경우 '누가 찾아오면 어떻게 해야 하지?' 와 같은 걱정을 할 수도 있다. "문 잠그면 도둑이 못 들어와" "초인종을 눌러도 나가지 않으면 돼"라고 해도 효과는 없다. '현관문을 잠궜어도 창문으로 들어올지도 몰라' '초인종을 눌렀을 때 나가지 않으면 아무도 없는 줄 알고 문을 부수고 들어오면 어떡하지?' 등 공포심은 계속 커져만 갈뿐이다.

이런 아이는 감수성과 상상력이 발달했다. 그렇기 때문에 아무리 '무섭지 않아' '걱정 마'라고 해도 소용이 없다. 누가 무슨 소리를 해도 무서운 건 무서운 거니까. 또, "너라면 잘 할 수 있어. 엄마는 널 믿으니까, 한 번 해봐"와 같이 격려를 해도, 엄마의 신뢰에 보답하지 못하는 자신에게 점점 자신감을 잃고, 자기는 쓸모없는 아이라는 생각을 한다.

이런 아이한테는 격려하거나 혼내지 말고 두려운 마음을 공감하는 일부터 시작하자. "도둑이 들어올지 몰라 무섭구나" "도둑이 들어 올까봐 걱정되는구나"와 같은 식으로 아이의 두려움을 이해해주자. 그러면 아이는 엄마가 자기의 마음을 알아준다고 느끼고 그만큼 안심한다.

"엄마도 너처럼 어렸을 때는 무서워서 혼자서 집 못 봤어"와 같은 말을 해주면 '엄마도 나랑 같았구나' 하고 더욱 안심할 것이다.

그런 뒤, 아이와 함께 어떡하면 혼자서 집을 볼 수 있을지 생각해보자. 예를 들어 현관이나 부엌, 창문이 확실히 잠겼는지 아이와 함께 하나씩 점검해봐도 좋다. 그리고 "가요나 라디오 같은 걸 틀어놓고 어른이 있는 것처럼 보이면 어떨까?" 하는 식의 제안도 해보자.

아이의 두려운 마음이 약간 풀리면 쓰레기를 버리러 나가는 것처럼 2~3분 안에 끝나는 집 보기부터 연습을 해보자. 집에 돌아왔을 때는 "참 잘 참았구나, 엄만 너무 기뻐!"라고 말하며, 아이를 꼭 안아주고 칭찬하여 엄마의 기쁜 마음을 표현해주자.

• 일찍 자고 일찍 일어나기 : 먼저 혼자 일어나는 습관을 길러야 한다.

요즈음은 2~3살 된 아이들도 밤늦도록 깨어 있는 아이들이 많다. 그 중에는 밤 11시, 1시까지 깨어 있는 아이도 있다.

그러나 아이가 12시, 1시까지 깨어 있는 것은 좋지 않다. 같은 열 시간을 자더라도 밤 11시부터 아침 10시까지 자는 열 시간과, 밤 8시부터 아침 6시까지 자는 열 시간은 아이 몸에 미치는 영향이 전혀 다르다. 아이 건강과 성장을 위해서는 아침에 일찍 자고 일찍 일어나는 습관을 들여야 한다.

잠에서 몸은 깨었어도, 우리 뇌가 깨어나 활동을 시작하기까지는 2~3시간 정도 걸린다고 한다. 일어나서 바로 학교에 가면 아직 뇌가 깨어 있지 않기 때문에, 오전 1, 2교시 수업은 멍한 상태로 있게 된다. 그러므로 수업을 들어도 선생님 말씀이 전혀 머릿속에 들어오지 않는다. 또, 늦잠을 자서 아침을 거르면 영양분이 뇌로 가지 않기 때문에 집중력이 떨어진다.

초등학생이라면 혼자서 일어나는 습관을 들여야 한다. 지금까지는 항상 깨워줬는데 갑자기 "내일부터는 깨우지 않을 테니까, 혼자서 일어나야 해"라고 해도 아이는 일어나지 못한다. 먼저 아이에게 혼자서 일어나겠다는 약속을 받자. 그리고 어떻게 해야 혼자 일어날 수 있을지 대화를 하자.

예를 들면, 아이 스스로 자기가 일어날 시간에 자명종 시계를 맞추도록 한다. 저학년이라면 엄마가 어떻게 하는지 방법을 가르쳐주자. 자명종 시계는 소리가 크고, 반복해서 울리는 것이 좋다. 혼자서 일어났다면 "역시 초등학생 형님이 되니까 다르구나! 혼자서 일어나고 대단한걸!"과 같은 식으로 한껏 칭찬을 해주자.

이렇게 아침 일찍 일어나는 습관이 배면 일찍 자는 것은 크게 어렵지 않다. 일찍 일어나면 자연히 일찍 자기 때문이다.

단, 낮잠은 주의해야 한다. 아직 낮잠이 필요한 연령의 아이라면 이른 시간에 짧게 재우도록 하자. 아무리 아침에 일찍 일어난다고 해도 낮잠을 서너 시간 정도 잔다면 밤에 일찍 자기 힘들다. 또, 저녁에 낮잠을 실컷 자도 마찬가지이다. 또 하나, 낮 시간의 운동도 중요하다. 적어도 하루 두 시간 정도는 밖에 나가 놀게 하거나 산책을 하도록 시키자.

예전보다는 좋아졌지만 우리 사회 구조상 아빠의 귀가 시간이 늦는 것도 문제가 있다. 아이가 아빠와 놀려면 밤늦은 시간이 되기 때문이다. 아빠가 육아에 참가하는 것은 필요한 일이지만, 밤늦게까지 놀 필요는 없다. 가끔 일찍 들어오는 날이나 주말처럼 쉬는 날에 놀아주면 된다.

또, 자기 전에 심하게 혼을 내거나 흥분할 만한 일은 하지 않도록 주의를 기울이자. 빨리 자지 않는다고 엄마가 초조해하면 오히려 역효과가 난다. 아이가 편안하고 안락한 기분으로 잠자리에 들 수 있는 분위기를 만들어주자.

자발적으로 하려는 일은 하게 두자

아직도 우리 사회는 착한 아이의 조건에 '부모 말을 잘 듣는 아이'가 상위를 차지한다. 남의 말을 묵묵히 따르는 것이 정말 좋은 일일까?

대학생이 되어서도 사회인이 되어서도 누군가의 명령이나 지시 없이는 움직이지 못하는 사람들이 늘고 있다. 어릴 때부터 집에서는 부모가 자잘한 것까지 챙겨주고, 학교에서는 선생님한테 관리를 받으며 교칙에 얽매인 생활을 하다 보면, 자주적으로 생각하고 자발적으로 행동하는 사람이 되지 못한다.

현재 내가 하고 있는 전화 상담에도 유난히 자주 전화해 상담하는 엄마들이 있다. 그것은 자기가 하는 일에 자신이 없어서가 아닐까?

예를 들어 아기를 기르는 엄마가 "책을 보니까 생후 3개월 된 아기는 우유를 한 번에 200cc로 하루 5번을 먹는다고 하던데요, 우리 아기는 그렇게 못 먹는데 괜찮을까요?"와 같은 질문을 하는 경우가 있다. "아이들은 각자 개인차가 있고, 책에는 평균적인 내용이 나와 있기 때문에 심각하게 생각하실 필요는 없어요. 아이가 건강하고 체중이 늘면 괜찮아요"라고 대답하면 엄마들은 그제야 마음을 놓는 듯하다.

옆에 상담할 사람 없이 혼자서 아이를 기르는 젊은 엄마들의 불안한 마음은 충분히 이해한다. 하지만 이런 상담 전화를 받다 보면, 이 엄마들은 지금까지 스스로 생각하고 판단하는 경험을 쌓지 않았다는 생각이 든다.

부모가 자식에게 바라는 것은 ― 학교 선생님도 비슷하겠지만 ― '빨리' '제대로' '모두 함께'이다. 그 때문에 몇 번이고 같은 말을 하고 틀을 짜서 그 안에서 행동하도록 한다. 그러나 아이들은 미숙하고 모든 게 서투르다. 생각만큼 능숙하게 해내지 못한다. 이것은 경험이 적기 때문으로 당연한 일이다.

그러므로 많은 경험을 쌓는 것이 중요하다. 그러면 아이는 점점 잘 하게 된다.

그렇기에 아이가 스스로 생각하고 자발적으로 무언가를 하려고 하면, 그렇게 하도록 적극 밀어주자. 만일 결과가 실패로 끝났다고 해도 "엄마가 시키는 대로 하지 않으니까 이렇게 됐지!" "그러니까 엄마 말대로 했으면 좋았잖아!"와 같은 말은 절대로 하지 말자. 아이 스스로 한 점을 칭찬해주고 다음에는 실패하지 않도록 격려와 조언을 해주자. 육아의 포인트는 강한 인내심이란 점을 잊지 말자.

아빠가 육아에 참여하면 아이의 세계가 넓어진다

자립을 하는 데 절대적으로 필요한 조건은 유아기 때 엄마와 충분한 애정 관계를 쌓는 일이다.

엄마는 애정으로 아이를 감싸 안고, 아이는 엄마에게 의존하고 어리광을 부리는 관계를 맺는 일이 자립을 위해서는 필요하다.

과거에는 엄마에게 의존하고 어리광 부리는 걸 받아주면, 아이의 독립이나 자립을 막는다는 의견도 있었다. 하지만 현재는 엄마와 충분한 애정 관계가 형성되어야 아이의 자립이 촉진된다고 여긴다.

엄마와 떨어져 다른 사람의 세계로 들어가기 위해서는 '강하게, 강하게' 키우는 것이 아니라, 먼저 그 세계에 의존하고 기대면서 주위 사람들을 친구로 믿어야 한다. 유아기 때 모자 관계가 불안정하면, 아이는 세상을 적으로 느끼고 안정된 인간관계를 쌓지 못하는 사람이 되고 만다. 적진 속으로 아이를 혼자 떠나보낸다면 이 얼마나 가혹한 일인가?

아이는 사람에 대한 기본적인 신뢰를 엄마와 관계를 맺으며 터득해간다. 그것을 기반으로 아빠, 형제, 할머니, 할아버지, 나아가 자기 주위의 가까운 사람들로 영역을 넓혀간다.

아이가 엄마와의 관계에서 더 넓은 관계 속으로 도약하려 할 때, 중요한 역할을 하는 사람이 아빠다. 아빠의 역할은 아이가 엄마와의 관계에서 서서히 빠져 나와 사람에 대한 신뢰감을 키우도록 해주는 것이다.

요즈음은 아빠들의 육아 참여를 적극 권하고 있다. 아빠가 육아에 참여하면 엄마 혼자서 아이를 기르는 것보다 다층화, 복잡화되는 이점이 있다. 구체적으로 다음과 같은 이점이 있다.

1. 단일화된 관리에서 벗어난다.

2. 위험에 강해진다. (예를 들어 엄마가 아파서 쓰러졌을 때)

3. 육아가 가족만의 문제가 아닌 사회적인 문제로 인식될 가능성이 높아진다.

4. 부모의 기대가 상대적인 것으로 된다.

육아에 참여·협력하는 것은 아빠에게도 플러스 효과가 있다. 직장뿐 아니라 가정이나 지역 사회와도 관계를 맺으면서 다원적인 생활기반을 갖기 때문에 아빠 자신의 자립에도 도움이 된다.

육아는 책임이 따르고 에너지도 필요하다. 또 한편으로, 아이를 대하면서 생활에 자극과 변화를 얻을 수 있다. 육아는 편하고 즐겁게 참여하는 것이 가장 중요하다.

아이 마음을 편하게 하는 엄마의 한마디·아빠의 한마디

엄마와 아빠는 각각 다른 방법으로 육아에 참여해야 한다. 엄마와 아빠가 똑같은 방법으로 관여하면, 아이는 두 배로 부담을 받으므로 위험하다. 그렇다고 대립적이어도 곤란하다. 엄마와 아빠의 양육방침이 다른 가정에서 자라난 경우 아이는 혼란스러워한다.

또, 부부 사이가 좋지 않거나 대화가 없는 경우는 아이에게 심리적으로 나쁜 영향을 준다. 부부 사이가 원만하지 않고 아빠가 엄마에게 전적으로 육아를 맡기는 가정은 엄마 자신이 불안감을 느끼기 때문에, 불안한 마음을 달래기 위해 아이에게 의존한다. 그리고 아이도 엄마에게 의존하는 상호의존 관계에 빠진다.

또, 엄마가 아빠를 부정적으로 생각하면, 엄마와 공생상태에 있는 아이는 엄마와 일체화하고 있기 때문에 아빠를 믿지 않고 거부한다. 그 결과 세상을 믿지 않는 사람으로 자라고 만다.

육아에서는 엄마와 아빠가 서로의 결점을 보완하며 아이와 관계를 맺는 것이 바람직하다. 건전한 가정이란 '사랑의 자극과 사랑의 접촉'이 있는 가정이다. 즉, 부부 사이에 "오늘 반찬은 맛있는걸" "그 옷 잘 어울려" "힘들었지? 항상 당신에게 고마워"와 같은 칭찬이나 감사의 말을 일상생활 속에서 주고받는 가정이다.

이런 신뢰관계가 있는 부모 밑에서 자란 아이는 인간관계의 요령을 자연스럽게 익히고, 원만한 대인관계를 맺는다. 그리고 자연스럽게 자립을 하게 된다.

남편이 육아에 협조적인 가정 vs 비협조적인 가정

아이를 키우는 엄마들 대부분이 '남편과 비교할 때 불공평하다'는 생각을 갖는다. 자기 혼자 짊어지는 육아의 부담에 대한 괴로움과 '사회에서 도태되는 것은 아닌가?' 하는 불안에 초조해하는 엄마들이 많다. 엄마가 된 자신을 받아들이지 못한 채 많은 엄마들이 힘들어한다.

어릴 때부터 남녀평등 교육을 받고 자랐고, 결혼 전까지는 집에서도 사회에서도 똑같은 취급을 받아왔는데 결혼을 하자마자, 거기에 아이가 생기는 순간, 가사와 육아 부담이 여자한테만 몰린다.

일을 할 때는 그만큼의 평가도 받고 성취감도 맛보지만, 아이를 기르는 건 누구한테도 평가받지 못하는데다 얼마나 해야 좋다는 기준도 없다. 성취감은커녕 스트레스만 쌓일 뿐이다.

게다가 현재 우리 사회에는 아직도 옛날 모성관념이 남아 있다. 즉, '여자한테는 모성이 있기 때문에 여자가 아이를 기르는 것이 당연하다' '아이를 기르면서 여자는 진정한 행복을 느낄 수 있다'와 같은 생각이 뿌리 깊게 박혀있다. 이런 생각을 하는 것은 비단 사회만이 아니다. 이 같은 생각을 하는 남편들도 있다.

육아나 가사를 도와주는 남편이 늘고는 있지만 아직도 소수에 불과하다. 주5일 근무제가 시행되지만 현재 노동 시스템으로는 남자가 가사나 육아에 협조하는 것이 어려운 실정이다.

단, 같은 노동조건에서 일하는 남편이라도 부인이 그다지 불만을 느끼지 않는 경우와 불만을 느끼는 경우가 있다. 그것은 부부가 하는 대화에서 차이가 나기 때문이다. 즉, 실제로 육아나 가사를 도와주지 않더라도 귀가 후, 남편이 부인 말을 잘 들어주느냐, 안 들어주느냐에 달려 있다.

"오늘 이런 일이 있었어." "그래? 힘들었겠네. (그거 잘됐네)" "어떡하면 좋지?" "그러게, ~하면 어떨까?"처럼 얘기를 들어주고 같이 상의 해주는 남편이라면 부인은 불만을 느끼지 않는다. 남편이 육아가 얼마나 힘든지 알아준다고 느끼면 부인은 혼자서 아이를 기르는 것이 아닌, 남편과 협력해서 육아를 한다고 느끼기 때문에 육아에 대한 부담을 크게 받지 않는다.

하지만 말을 걸어도 "회사 일로 피곤하니까 나중에 해" "아이 문제는 당신한테 맡겼으니 당신이 알아서 해" 혹은, 말로는 표현하지 않아도 귀찮다는 태도를 취하는 남편이라면 부인은 더욱 육아에 부담을 느끼고 만다. 그리고 '어째서 나만 이런 일을 해야 하지?' 라는 생각으로 육아를 괴로운 일로 느끼다 아이마저 사랑하지 못하는 경우도 있다.

일이 바빠 육아를 도와주지 못한다는 것은 이유가 되지 못한다. 아무리 바빠도 마음만 있으면 어떤 형식으로든 협조가 가능하다. 그러나 가사·육아에 비협조적인 남편에게 도움을 요구하는 것은 쉬운 일이 아니다. 남편의 도움을 받기 위해 다음과 같은 방법을 써보면 어떨까?

- 아무리 작은 일이라도 남편이 해주면 "도와줘서 고마워"라고 감사의 마음을 표현하고, 아이한테도 "아빠가 해줘서 좋겠구

나"라는 말을 해서 아빠의 위신을 세워주자.

- 휴일처럼 남편이 쉬는 날에는 아이에 대한 말을 많이 해주자.
- "아빠가 해줬으면 좋겠대"라고 아이 핑계를 대며, 남편과 아이가 함께 보내는 시간을 만든다. 이렇게 하다보면 남편도 아이와 노는 걸 즐거워하게 된다.
- 남편이 하는 행동을 남편에게 보여준다.
- 남편이 쉬는 날에 갑자기 몸이 아프다는 핑계를 대서 억지로라도 남편이 아이를 돌보도록 하자.
- 마지막 수단으로 휴일에 남편한테 아이를 맡기고 혼자 외출을 한다. 남편이 아이를 돌보지 않고는 못 배길 것이다.

일하는 엄마는 하루 5분이라도 아이와 마주하는 시간을!

결혼하고 아이가 있어도 바깥일을 계속하는 엄마가 늘고 있다. 당신은 무엇을 위해 일하는가? 자기의 능력을 살리기 위해? 생활을 위해? 대출금을 갚기 위해? 아니면, 일이 좋아서?

어떤 이유라도 좋으니 한번쯤 '내기 무엇 때문에 일을 하는지'에 대해 확실하게 정리해둘 필요가 있다. 그리고 아이가 엄마의 일에 대한 질문을 했을 때, 아이가 이해할 만한 범위에서 얘기를 해주자. 아이는 엄마가 일하는 의미를 이해하면 불만도 적게 갖고 대화도 잘 통한다.

일하는 엄마가 가장 신경 쓰는 점은, 아이와 함께 있는 시간이 짧다는 점일 것이다. 시간은 한정돼 있고 엄마 몸은 하나밖에 없다. 그러나 모자관계에서 중요한 점은 함께 있는 시간의 길이가 아닌, 짧지만 밀도 높은 관계를 갖는지의 여부다. 얼마만큼 아이를 생각하는지 그 마음을 아이에게 전달해야 한다. '엄마가 네 옆에 없어도 엄마 마음속에는 언제나 네가 있어'와 같은 마음을 아이가 느끼도록 관계를 맺는 점이 중요하다.

일을 마치고 돌아오면 이것도 해야 하고, 저것도 빨리 해야 한다는 생각이 들겠지만, 단 10분이라도 5분이라도 좋으니, 아이와 마주하는 시간을 만들어보자. 학교나 유치원에서 있었던 일에 대해 귀를 기울여주자. 그러면 아이의 마음은 안정된다.

단, 짧은 시간 동안 얘기를 하고픈 마음에 급하게 말을 걸거나, 말을 하도록 재촉하는 건 바람직하지 않다. 또, "숙제는 다 했어?"와 같이 공부에 대한 얘기만 고압적으로 묻는 일은 절대로 하지 말자.

일을 하다보면 직장에서 기분 나쁜 일이 있을 수도 있고, 피곤할 때도 있다. 하지만 일 때문에 생긴 스트레스는 가능한 한 가정으로 갖고 오지 말자. 집에 돌아오면 엄마의 얼굴로 돌아가자.

피곤할 때는 집안일을 적당히 해두는 것도 좋다. 피곤해서 짜증이 나면 웃는 얼굴이 나오지 않는다. 아이를 대할 때도 명령이나 금지하는 말이 많아지고 사소한 일로도 혼내기 쉽다.

엄마가 기분이 나쁘면 그 마음이 아이에게 전달되어 아이는 정서불안이 된다. 부모의 말을 순순히 받아들이지 않게 된다. 그러면 부모와 아이 모두 초조한 기분만 상승할 뿐이다.

화를 내고 싶어지면, 심호흡을 하여 '활짝 웃자'라는 생각을 자신에게 주입해보자. '엄마가 일 때문에 집에 없으니 불행하다'는 생각은 하지 않는 편이 좋다.

부담감을 느낄 필요는 없다. 물건을 사주는 것으로 애정을 표현하지 말자. 스킨십으로 어리광을 받아주는 것은 좋지만, 아이가 원한다고 뭐든지 사주는 행동은 절대로 해서는 안 된다. 그러면 오히려 일을 하는 것이 마이너스로 작용하고 만다.

엄마 자신이 일을 하는 데 자신감과 긍지를 갖고 생기 있게 지내는 것이 중요하다. 그런 엄마의 모습을 보는 건 아이한테도 기쁜 일이다.

4장 이렇게 야단치고 칭찬하면 아이는 의욕을 갖는다!

이렇게 야단치지 마라!

하루 중, 아이에게 칭찬과 야단 중 어떤 것을 많이 하는가? 대부분의 경우 칭찬보다 야단치는 일이 많을 것이다.

그렇다면 왜 야단을 칠까? 물론, 아이가 바르게 자랐으면 하는 마음에서일 것이다. 부모는 아이에게 야단을 치면서 '그런 행동은 하면 안 된다' 는 것을 학습시킨다.

부모는 아이에게 칭찬과 야단을 통해 무엇이 옳고 그른 행동인지 가르치며, 부모의 가치관·인생관·도덕관을 전달한다. 그러므로 야단을 쳐도 효과적으로 해야 한다.

예를 들어 아이가 방을 치우지 않았을 때 "방을 이렇게 어질러 놓으면 어떡해! 항상 이렇다니까 … 넌 네 방 하나도 제대로 못 치우니? 뭐 하나 제대로 하는 게 없어!"와 같은 식으로 야단을 치지는 않는가?

엄마는 방을 정리하지 않는 일이 나쁘기 때문에 버릇을 고쳐주고자 야단을 쳤을 것이다. 하지만 이런 식으로 야단을 치면 정리하지 못한 행위를 혼내는 것이 아니라, 아이 성격의 결점을 질책하는 셈이 된다. 결과적으로 아이는 자기 자신을 부정하고 만다.

이런 식으로 야단을 쳐서 키우면 아이가 올바로 성장하지 못한다. 왜냐하면, 아이는 부모에게 칭찬받기도 하고 야단맞기도 하면서 자신의 이미지를 만들어가기 때문이다. 그 과정에서 자꾸 성격의 결점을 지적받다 보면, 아이는 '난 쓸모없는 아이야. 못된 아이야. 나쁜 아이야'라는 마이너스적인 이미지만을 갖는다. 그리고 더 나아가 열등감을 갖기도 한다.

'고함치기' '때리기'는 역효과

7살짜리 남자아이 현태는 엄마가 "유치원 늦겠다, 빨리 준비해!" "장난감 정리해야지"와 같은 잔소리를 하면, 화를 내며 물건을 던지거나 엄마를 때리곤 한다.

유치원에서도 기분 나쁜 일이 있으면, 친구를 때리거나 바닥에 드러누워 발버둥을 치며 소란을 부린다. 유치원에서 현태는 난폭한 아이, 조금 특이한 아이로 불리며 누구도 가까이 하려고 하지 않는다.

이 아이가 원래부터 난폭한 아이로 태어난 것은 아니다. 물론 친구들이 싫어하는 성격으로 태어나지도 않았다. 현태가 난폭해진 건, 7년 동안 자라온 성장 과정에 문제가 있다고 본다.

그래서 엄마에게 지금까지 어떤 식으로 양육해왔는지 물어봤다. 이야기를 들으니 엄마와 아빠 사이에 문제가 있었다. 현태의 아빠는 술을 좋아해서 술을 자주 마시고 집에 돌아와 엄마와 싸웠다고 한다. 그것도 아주 심하게 싸웠고 종종 폭력도 썼다.

현태는 그런 양친을 보며 자랐다. 거기다 현태가 말을 듣지 않으면 아빠는 화를 내며 때렸다고 한다. 힘이 센 아빠를 당하기에는 역부족인 현태는 그 때마다 울며 엄마한테로 달려갔다.

그러나 아빠만 없으면 엄마가 야단을 쳐도 말을 듣기는커녕, 엄마를 때리거나 물어뜯으며 반항을 한다. 엄마가 아무리 무섭게 야단을 쳐도 아랑곳하지 않고 물건을 던지는 등, 폭력적인 행동은 점점 심해질 뿐이다.

현태는 7년 동안 살면서 양친의, 특히 아빠의 폭력을 보며, 자신의 생각대로 하려면 폭력을 쓰는 것이 효과적이라는 힘의 논리를 배우고 말았다.

아빠처럼 체격이 크고 힘이 센 사람 앞에서는 꼼짝도 못하지만, 유치원 아이들은 자기와 비슷한 힘을 가진 상대이다. 폭력을 쓰면 자기 말을 따른다는 사실을 안 것이다. 그 때문에 현태는 폭력적인 아이가 됐고 친구들이 멀리하는 아이가 되었다.

생활하다 보면, 부모도 감정이 격해져서 소리 지르거나 아이에게 손을 댈 때도 있다. 하지만 이것은 아이 교육에 아무런 도움이 되지 못한다. 오히려 나쁜 영향만 끼친다.

화가 나서 자신도 모르게 때리거나 고함을 치고 싶어지면, 그 순간 감정을 자제하고 참자. 그리고 알아듣게 타이르며 주의를 주도록 노력해보자.

심하게 꾸짖었다면 이렇게 풀어주자

대체로 엄마들은 자식 얼굴을 보면 이것저것 진소리가 많아진다. "하라는 공부는 안 하죠, 엄마 말은 안 듣죠. 이러니 제가 잔소리를 안 하게 생겼어요?”라고 엄마들은 반론을 편다.

그러나 조금만 생각해보자. 예를 들어 골프를 칠 때 집중을 해서 퍼팅하려는 순간, 주위 사람들이 “잘 넣어야 해!”“제대로 해!”와 같이 시끄럽게 떠들면 어떨까? 공에 집중을 하지 못해 짧은 퍼팅도 놓치지 않을까?

엄마의 잔소리는 아이가 평정심과 평상심을 잃게 한다. ‘엄마한테 야단맞지 않으려면 제대로 해야 하는데 …’라고 생각하면 할수록 더 엉망이 되고, 결국 엄마한테 잔소리를 듣고 만다. 물론, 부모 눈에는 아이의 행동이 성에 안 차는 경우가 많을 것이다. 그래도 잔소리 대신 조용히 타이르며 주의를 주자.

그래도 부모 역시 사람이다. 자기도 모르게 잔소리를 하거나 “넌 엄마 자식도 아니야!”라는 심한 말을 할 때도 있다. 그럴 때는 그 다음 행동이 중요하다. 심한 말을 했다는 생각이 들면 바로 아이에게 사과하자. “조금 전에는 엄마가 화가 나서 너한테 심한 말을 했는데, 그건 엄마 진심이 아니야. 사실은 엄만 널 제일 사랑해. 알지? 미안해”라는 말을 해주자.

이런 말을 들으면 아이는 안심한다. 또 ‘엄마도 실수를 할 때가 있구나. 하지만 엄마는 실수를 인정하고 바로 나한테 사과했어’라고 생각하며, 엄마에 대한 신뢰감이 더욱 강해진다.

혼내기 전 심호흡 한 번!

대부분의 부모들은 마음속에 혹은 부부 사이의 대화에서 '우리 아이는 이런 아이로 키우고 싶다'는 이상을 갖고 있을 것이다. 그 이상에 가까운 아이로 키우기 위해 부모는 아이를 칭찬하기도 하고 야단을 치기도 하며 교육을 시킨다.

칭찬만 한다고 아이가 바르게 자라는 것도 아니고, 그렇다고 야단만 친다고 잘 자라는 것도 아니다. 칭찬과 야단이 적절히 조화를 이뤄야 아이가 바르게 자란다.

야단치는 횟수를 줄이는 데는 세 가지 방법이 있다.

첫 번째로, 야단을 치고 싶을 때는 먼저 무엇 때문에 야단을 치는지 생각해보자. 예를 들어 급하게 외출해야 할 때나, 저녁 식사 준비로 한창 바쁠 때는 아이를 야단치는 일이 많아진다. 물론, 엄마도 사람이므로 바쁠 때 귀찮게 굴면 화가 날 수도 있다.

그럴 때는 심호흡을 한 번 한 뒤, 정말로 야단을 칠 만한 일인지 생각해 보자. 아무 생각 없이 자신의 감정에 따라 야단을 치는 것과 자기가 의식하고 하는 것은 전혀 다른 결과를 가져온다. 그러면 야단치는 횟수도 반으로 줄어들 수 있다.

두 번째는, 야단을 쳐도 의미 없는 일이나 어쩔 수 없는 일에 대해서는 혼내지 말자.

'야뇨증'을 예로 들어보자. 초등학생이 되도 이부자리에 실수를 하는 아이가 있다. 초등학생 정도 되면 본인도 이 문제에 대해 고민을 한다. 부모가 굳이 야단을 치지 않더라도 이부자리에 실수를 하고 싶어 하는 경우는 없다. 그런데도 쉽사리 고쳐지지 않는다. 아이는 자신의 실수 때문에 고민하고, 부모한테 야단을 맞아 더욱 고민한다. 이중 삼중으로 괴로움을 겪는다. 야단을 맞으면 스트레스가 되기 때문에 오히려 역효과가 난다.

야단치는 횟수를 줄이는 세 번째 방법은, 사물을 보는 관점과 사고방식을 조금 바꾸어 보는 것이다.

아이들은 자주 문을 열어 놓은 채로 다닌다. 그래서 엄마가 "또 문 열어 놨어! 몇 번을 말해야 알겠어! 문을 꼭 닫으라고 했지!"라고 야단을 친다.

엄마가 야단을 치면 머리로는 자신이 나쁘다는 것을 알면서도 순순히 잘못을 빌지 않는다. "또 잔소리!" "닫으면 되잖아!"하고 엄마의 말을 받아친다. 화가 난 아이가 난폭하게 문을 닫아 버리면 "조용히 닫지 못해!"라고 다시 엄마의 잔소리가 튀어나온다.

이런 대화를 하지 않으려면, 엄마가 "문을 열어두면 엄마가 춥거든, 좀 닫아줄래?"와 같이 자신의 마음을 아이에게 전달해보자. 그러면 아이도 '아, 그렇구나!'라고 생각하고 순순히 문을 닫을 것이다. 말하는 방법을 약간만 바꾸어도 야단치는 횟수는 놀라울 만큼 줄어든다.

"아직도 못해?"보다는 "곧 잘하게 될 거야"

한 여름에 등산을 할 때, 물통에 물이 한 컵밖에 남지 않았다면 당신은 어떻게 생각하겠는가? '한 컵밖에 없잖아 …'라고 생각하겠는가, '아직 한 컵이나 남았네'라고 생각하겠는가?

육아도 마찬가지다. '아직도 못해'라고 부정적으로 생각하지 말고 '이제 곧 하겠지'라고 긍정적으로 생각하는 편이 훨씬 수월하게 육아를 할 수 있다.

부모들은 종종 "옆집 사는 은샘이는 벌써 이만큼 한다는데, 넌 왜 아직 이 모양이야!"라고 아이를 친구와 비교하곤 한다. 물론, 부모는 자기 자식이 사랑스러우니까 '다른 아이보다 조금이라도 빨리 했으면' 하고 생각할 것이다. 하지만 공부는 성욱이와 비교하고, 운동은 동영이와 비교하고, 음악은 보미와 비교하면 아이는 견디지 못한다.

다른 아이와 비교해서 "아직도 못 해?" "넌 왜 그렇게 못 하니!"라고 말하면, 아이는 '못 하는 것'은 나쁘다는 부정적인 생각을 갖는다.

그러지 말고 지금은 아직 못하지만 이제 곧 할 거라는 긍정적인 자세로 있는 그대로의 아이 모습을 인정하는 일부터 시작해보자.

아이가 웬일로 반찬하는 걸 도와준다고 계란을 깨겠다고 나선다. 처음에는 제대로 하지 못하고 손가락이 계란 속으로 들어가 노른자를 터뜨린다든가, 그릇에 넣지 못하고 바닥으로 떨어뜨리는 등의 실수를 할 것이다. 그때 "아무튼 넌 안 돼" "왜 그렇게 못 하니?" "역시 넌 안 되겠다"라는 식으로 아이를 부정하는 말은 절대로 하지 말자. 아이 스스로도 '어떡하지!' '실패했어'라고 생각하는데 그것도 모자라 실패를 비난하면, 아이는 엄마한테 거부당했다고 느끼고 의욕을 잃고 만다.

그럴 때는 이번 실패를 다음 번 성공으로 이끌어주는 말을 해주자. "계란은 그렇게 강하게 치지 말고 살짝만 치는 거야. 엄마도 어렸을 때는 못했는데 계속 하니까 잘 하게 되더라. 엄마가 봐줄 테니까 다시 한 번 해봐"라는 식으로 왜 실패를 했는지 부드럽게 설명하고 격려해주자. 엄마의 격려를 받은 아이는 '아까는 실패했지만 이번에는 반드시 하고 말 테야!'라는 의욕이 생긴다.

아이가 계란 깨는 걸 성공했을 때는 "우리 가은이가 이렇게 계란을 잘 깨는구나. 기특하기도 하지!"라고 칭찬하면서 엄마의 기쁜 마음과 아이를 자랑스럽게 여기는 마음을 전해주자.

이런 대화를 반복하다 보면, 아이는 자기 자신에게 자신감과 자긍심을 갖고 의욕적으로 된다. 새로운 일이나 조금 어려운 일에도 도전을 할 의욕도 생긴다.

어떤 사람이 이런 말을 했다. "훌륭한 요리사는 재료의 특징을 잘 살리는 사람이다. 그래야 섬세한 맛을 내는 요리가 나오기 때문이다. 즉, 재료 하나하나에 대해 감사한 마음이 없으면 훌륭한 요리사가 아니다."

아이를 키우는 일도 마찬가지라고 생각한다. 아이가 가진 장점을 인정하고 끌어내서 발전하도록 키워야 한다.

사람은 누구나 결점을 갖고 있다. 동시에 누구나 장점도 갖고 있다.

난 사람을 사귈 때, 가능한 그 사람의 장점만을 보려고 한다. 결점을 보고 대하다보면 내가 상대방을 싫어하는 마음이 상대방에게 전해지기 때문에 좋은 관계를 맺지 못한다. 상대방의 장점을 인정하면 상대방도 나의 장점을 인정해준다. 누구나 남에게 인정받고 칭찬받으면 기분이 좋아져서 마음을 열게 된다. 그러면 좋은 인간관계를 쌓을 수 있다.

아이를 대할 때도 마찬가지이다. 아이를 키울 때야말로 아이를 인정하고 칭찬하는 일이 어느 때보다 필요하다. 결점 때문에 어떤 사람이 싫은 경우는 상대를 안 하면 그만이지만, 자식

은 그렇지 않다. 아이는 전적으로 부모를 믿고 의지하기 때문
이다.

사람이란 희한하게도 상대방의 장점을 찾으려고 마음만 먹
으면 많이 찾게 된다. 자기를 믿는 자식이라면, 이미 부모에게
마음을 연 상태이므로 더욱 쉽게 장점을 찾을 수 있다.

당신은 어제 하루 동안 아이에게 몇 번이나 칭찬을 했는가?
얼마나 야단을 쳤는가? 대부분의 엄마들은 "야단치는 일이 많
아서 몇 번을 야단쳤는지 셀 수도 없어요" "우리 아이는 칭찬
할 구석이 하나도 없는데 어떻게 칭찬을 하겠어요?"라고 대답
을 한다.

그러면 오늘부터라도 '하루에 세 번 칭찬하기'를 실천해보
자.

매일 아침 엄마가 깨워야만 일어나는 아이가 오늘 아침은 혼
자서 일어났다면 "혼자서 일어나다니 대견하기도 하지!"라고
칭찬해주자. 아니면, 매일 아침 몇 번이고 "일어나"라고 소리
질러야 일어났던 아이가 오늘 아침은 한두 번 만에 일어났다면
그것도 칭찬해주자.

혼자서 준비를 다 하고 등교 시간에 늦지 않게 식탁에 앉으
면 "빨리 준비했구나"라고 인정해주자. 아침밥을 전부 먹었다

면 “깨끗이 다 먹었네, 엄마까지 기분좋은걸!”이라고 말해주자. 아침에 일어나서 학교에 갈 때까지 짧은 순간에도 마음만 먹으면 칭찬거리는 얼마든지 있다. ‘칭찬해주자’ ‘인정해주자’라고 생각하는 마음이 중요하다.

아이한테뿐만 아니라 남편이나 아내에게도 실천해보자. 그러면 가정 분위기도 밝고 따뜻하게 바뀐다. 아이의 친구들이나 담임 선생님을 대할 때도 마찬가지이다. 그러다보면 자연스럽게 인간관계도 원만해진다.

아이에게 절대로 해서는 안 되는 말

부모가 무심코 던진 말, 아이는 이렇게 받아들인다

유아나 초등학생에게 하루 중 가장 긴 시간을 함께 보내는 사람은 엄마일 것이다. 아이와 엄마는 사소한 얘기부터 심각한 얘기까지 많은 이야기를 나눈다. 엄마는 아이와 매일 대하기 때문에 말을 할 때 깊이 생각하고 하는 경우는 없을 것이다.

부모 자식 사이에 일일이 말을 가려서 할 필요가 있냐고 생각하는 사람도 있을지 모른다. 하지만 말을 한 쪽은 별 생각 없이 했을지 몰라도, 듣는 사람은 심한 상처를 입는 일이 종종 있다. 그리고 그 말을 계속 마음에 담아두게 된다.

같이 있는 시간이 긴 엄마와 아이 사이에는 말 때문에 사소한 오해나 감정 마찰을 일으키는 경우가 많다. 가끔은 내가 한 말을 아이가 어떻게 받아들일지 생각해보자.

이번 장에서는 평소 아이에게 무심코 하는 말이지만 절대로 해서는 안 되는 여덟 가지 종류의 말을 정리해봤다. 당신도 일상생활을 하면서 이런 말을 아이에게 한 적은 없는지 생각해보기 바란다.

"넌 왜 그렇게 느려!"

아이가 엄마 일을 도우려고 찻잔이나 접시를 나르다 실수로 떨어뜨려 깨뜨렸다. "이게 뭐야! 괜히 사고치지 말고 저쪽에 가서 네 할 일이나 해. 아무튼 제대로 하는 게 없어." 이런 식으로 혼을 낸 적은 없는가?

"바보 같이" "느려 터지긴(뭘 그렇게 꼼지락거려)" "넌 안 돼"와 같은 말로 혼내면, 아이는 '난 쓸모없는 아이야'라고 생각한다. 자신에 대해 부정적인 이미지를 만든다. 그러면 아이는 열심히 하고자 하는 의욕이 생기지 않아 노력하지 않는다.

그러므로 아이가 실패하더라도 인격을 부정하는 식의 말은 하지 말고, 잘못한 행동에 대해서만 주의를 주도록 하자.

접시를 떨어뜨려 깨뜨렸어도 먼저 "엄마를 도와주려고 했구

나. 착하기도 하지"라는 말로 엄마를 도와주려는 아이의 고운 마음을 인정하고 칭찬해주자. 그런 다음 "괜찮니? 어디 다친 곳은 없어?"라고 묻는 것이 좋다. 아이는 자기가 실패를 했는데도 그것을 탓하지 않고 상처를 걱정해주는 엄마의 따뜻한 마음을 느끼고 순수하게 엄마를 받아들인다.

그러면 "다음 번에 접시 들 때는 한 눈 팔면 안 돼. 접시는 한 장씩 갖고 오고"라고 주의를 줘도 아이는 진심으로 받아들인다. 그리고 '다음 번에는 엄마한테 칭찬받도록 더 잘해야지!' 하는 마음을 갖는다.

이렇게 한 가지 예만 보더라도 엄마가 아이한테 어떤 말을 하는지에 따라 긍정적인 방향으로도, 부정적인 방향으로도 영향을 줄 수 있음을 알 수 있다.

"시끄러워, 조용히 못하겠니?"

아이는 엄마에게 여러 가지 말을 하고 싶어 한다. 특히, 말을 다 익혔을 무렵에는 유치원이나 초등학교에서 엄마와 떨어져 자신만이 경험했던 일이나 흥미로웠던 일에 대해 말하고 싶어 한다. 특히 말이 많은 아이는 하루 종일 정신없이 떠들기 때문에 때로는 시끄럽게 느껴지기도 한다.

또, 이상하게도 엄마가 저녁 준비를 할 때처럼 바쁠 때만 "엄마 있잖아 …" 하며 말을 걸어온다. 엄마가 자기를 봐줬으면 하는 사인이겠지만, 일 때문에 바쁘면 "시끄러워, 저쪽에 가서 놀고 있어!"라고 쫓아버리기 쉽다.

하지만 아이의 말은 그렇게 길지 않다. 잠깐 아이를 바라보고 들어주기만 해도 아이는 만족한다. '시끄럽다'고 항상 아이의 말을 거부하면, 아이는 점점 말수가 적어진다. 그러면 아이가 더 자랐을 때, 학교에서 어떤 일이 일어났는지, 아이가 무엇을 생각하는지 알고 싶어도 그 때는 이미 늦는다.

아이는 엄마에게 '시끄럽다'는 말을 들으면, 엄마가 자기를 거절한다고 생각한다. 또, 엄마의 애정에도 불신을 갖는다. 부모 입장에서는 아이에게 차갑게 대하려고 한 것도, 아이를 사랑하지 않아서도 아니지만, 아이는 다르게 받아들인다. 아이는 심각하게 고민할지도 모른다. 그리고 음식이 묻어 지저분해진 손이나, 흙이 묻은 손으로 안기려는 아이에게 "더러운 손으로 어딜 만져. 엄마 옷에 묻잖니!"라고 거절을 하면, 아이는 심한 상처를 받는다. 그깟 옷이 더러워지는 것쯤, 아이가 '엄마한테 미움 받았다'고 슬퍼하는 데 비하면 아무것도 아니다.

어떤 상황이든 아이가 어리광을 부리며 안기고 싶어 하면 아이를 사랑하는 마음으로 안아주자. '우리 엄마는 언제든지 날 받아준다' 고 생각하면, 아이 마음은 안정된다.

어릴 때 아이를 받아주고 스킨십을 많이 해주는 것은, 아이의 자립에 매우 중요한 영향을 미친다. 이 시기에 받아주지 않거나 거부를 당한 경험이 많으면, 언제까지고 부모를 떠나지 못하고 아무리 나이를 먹어도 엄마한테 매달리게 된다.

안아주기, 어깨를 감싸 안기, 손잡기, 머리 쓰다듬기 등의 스킨십은 유아기 때만 하지 말고 아이가 싫어하지 않는다면 초등학교 고학년이 되어도 해주자.

"빨리빨리 해!"

엄마가 아이한테 가장 많이 하는 말이 무엇이라고 생각하는가? 바로 "빨리빨리 해"라는 말이다. "말씀을 듣고 보니 저도 자주 써요"라고 자각하는 엄마들은 하루에 50번 이상, "전 그런 말 하지 않아요"라고 하는 엄마들도 하루에 7~8번은 말한다.

아침에 "빨리 일어나야지!"부터 시작해서 "빨리 세수해" "빨리 밥 먹어" "빨리 준비해" 등등, 아이가 학교에 갈 때까지 열 번 정도는 말할 것이다. "우리 애는 워낙 늦장을 부려서 그렇게 하지 않으면 매일 지각하고 말 거예요”라고 하는 엄마들도 많을 것이다. 하지만 이렇게 몇 번씩 “빨리 해”라고 하지 않으면, 아이는 정말로 학교에 가지 못할까? “빨리 해”라는 말이 그만큼의 효과가 있는 말일까? 아마도 효과는 거의 없다고 본다.

만약 엄마가 같은 입장이라면 어떻겠는가? 남편이 하루 종일(물론 집에 있는 동안이겠지만) “빨리 일어나” “빨리 밥 차려” “빨리 청소해” “빨리, 빨리”라고 재촉해대면 어떨까? “그만 해, 지금 하고 있잖아!” 하며 부부싸움을 크게 하지 않을까? 혹은, “빨리 하라고 안 해도 하고 있으니까 걱정 마!”라고 반발을 할지도 모른다.

아이도 마찬가지이다. 빨리 하라고 말하지 않아도 빨리 하려고 생각한다. 지각하지 않게 학교에 가려고 생각한다. ‘엄만 귀찮게 몇 번을 말해, 지금 하고 있잖아’ 라는 생각을 하더라

도 그렇게 말하면 혼이 날까봐 가만히 있는지도 모른다. 혹은, 전혀 신경 쓰지 않든가, 듣지 않는 것뿐인지도 모른다.

오늘부터라도 '빨리'라는 말을 하지 않는 생활을 해보는 건 어떨까? 그 전에 미리 아이에게 "내일부터는 엄마가 너한테 빨리 하라고 하지 않을 테니까, 네 스스로 생각해서 늦지 않게 준비해"라고 약속을 하자.

물론, 첫째 날 둘째 날은 아이가 당황할지도 모른다. 그러나 하다 보면 스스로 알아서 하게 된다. 아이한테는 그만큼의 능력이 있다. 그보다도 엄마 쪽에서 '빨리'라는 말을 하지 않고 견딜지 걱정이다.

"친구는 하는데, 넌 왜 못해?"

"형은 정리정돈도 잘 하는데, 넌 왜 못해?"라는 말을 듣고, '나도 형처럼 정리정돈을 잘 해야지' 하고 생각하는 아이는 거의 없다. 대부분은 '난 원래 이런 애니까' 자포자기하는 심정이 되어 점점 더 정리를 안 하고 만다. 이와 마찬가지로 친구와 비교해서 혼을 내는 것도 효과는 없다.

친구가 집에 놀러 왔을 때 인사를 잘하면, 대부분의 엄마들은 "수빈이는 인사도 잘 하고 착하구나"라고 칭찬한다. 여기까지는 좋다. 아이는 자기 친구가 칭찬을 받으면 기뻐한다. 속으로는 '그럼, 내 친구가 얼마나 착한데' 하며 자기가 얼마나 친구를 잘 사귀는지 엄마한테 으쓱대고 싶은 마음마저 든다.

하지만 그 뒤에 엄마가 "친구는 저런데 넌 …"과 같은 말을 한다면 큰 실수를 한 것이다. 친구 앞에서 창피를 당했다는 생각에 "엄마는 내가 밖에 나가서 어떻게 하는지도 모르면서, 왜 함부로 말해!"라고 반발한다.

대체로 아이들은 집이나 부모와 함께 있을 때는 못하는(안 하는) 일도, 밖에 나가면 잘 한다. 그런데 엄마한테 그런 말을 들으면 '엄마는 날 믿지 않는다'고 생각해서 불신감을 갖는다. 이와는 반대로, 실제로 인사를 하지 않는 아이의 경우는 '난 친구보다 못해'라는 생각에 열등감까지 갖는다.

엄마의 태도가 친구를 칭찬하는 데서 끝났으면, 아이는 '그렇구나, 남의 집에 갔을 때는 이렇게 인사를 해야 하는구나'라는 것을 배우고, 자기도 친구 집에 놀러갔을 때는 같은 식으로 인사한다. 사람은 다른 사람이 하는 것을 보고 따라하며 성장한다.

거의 모든 사람들이 어린 시절 남과 비교당해서 기분 상했던 경험이 있을 것이다. 그런데도 어른이 되면 어린 시절 일은 까

많게 잊고 쉽게 남과 비교한다. 아이들 둘셋이 함께 있을 때, "지윤이는 귀엽게 생겼구나" "하영이는 그림을 잘 그리네!"와 같은 식으로 한 아이만을 칭찬하기 쉽다.

평상시 아이들을 대할 때도 이런 점은 주의해야 한다. 특히, 부모는 자기 아이를 야단칠 때 절대로 형제나 친구들과 비교해서는 안 된다.

"어차피 하지도 못할 거면서 그래"

아이들은 원래 열심히 하면 뭐든지 할 수 있다고 생각한다. 그러므로 아이가 생일이나 크리스마스 선물로 조립식 로봇을 사달라고 하면, 실제로 아이가 하기에는 힘들어 보여도 "네가 이렇게 복잡한 걸 어떻게 만든다고 그래!"와 같은 말은 하지 말자. "좀 어려워 보이기는 하지만 한 번 만들어 볼래?"와 같이 격려를 해주자.

실제로 사와서 만들다 아이가 많이 어려워하면 "음 … 이 부분은 좀 어려운 것 같으니까 엄마가 도와줄까?" "엄마도 어려워서 못하겠어. 아빠한테 도와달라고 하면 어떨까?"처럼 적절한 조언을 해주며 용기를 북돋아주자. '혼자서 만들기는 어려웠지만 조금 도움을 받으니까 됐잖아!'와 같이 성취감을 느끼는 것이 중요하다.

누구나 손쉽게 만드는 물건을 만들면, 완성했다는 만족감은 들겠지만 힘들게 노력한 뒤에 맛보는 성취감은 얻지 못한다. 성취감을 맛보면, 자신의 능력에 만족해 '다음 것도 해봐야겠다'는 마음이 생기고, 차츰차츰 어려운 목표를 설정하고 도전하며 노력한다. 반대로 "네가 이 어려운 걸 어떻게 한다고 그래. 그만 둬"라고 말하면, 능력이란 싹이 채 자라기 전에 뽑혀 버려 아이가 노력도 하지 않고 '어차피 난 안 돼' 하며 포기해 버린다. 그러면 진보도 발전도 없다.

"네가 이러면 엄마가 하고 싶은 일을 못하잖아"

남자들과 어깨를 겨루며 열심히 바깥일을 하던 사람이 육아 때문에 일을 관두면 적잖은 상실감을 느낀다. 혹은, 학창시절 친구들이 독신이거나, 결혼을 했어도 아이가 없어 자유롭게 생활하는 모습을 보면 짜증이 나기도 한다. 그렇다고 아이에게 "네가 이러면 엄마가 하고 싶은 일을 못하잖아"와 같은 말은 하지 말자. 아이는 아무 죄도 없는데 '나 때문에 엄마가 불행하다'는 일종의 죄책감을 갖는다. 아이는 자기가 원해서 태어나지 않았다.

그리고 아이에게 손이 가는 기간은 긴 인생에서 보면 짧은 시간이다. 아이가 있어도 일을 하는 사람은 많다. 중요한 건, 어떻게 생각하고 어떻게 시간을 쓰느냐에 달려 있다. 아이가 어느 정도 컸을 때, 자신이 하고 싶은 일을 할 수 있도록 아이를 기르면서 조금씩 준비하는 일도 가능하다.

좋아하는 일, 하고 싶은 일에 따라 다르겠지만, 육아를 하면서도 많은 것을 배운다. 육아란 아무것도 모르는 아기를 제대로 된 한 사람의 사회인으로 만들어내는 일로 부모에게는 가장 중요한 대업이다. 어떤 일에도 뒤지지 않는 중요한 일이다. 먼저, 그 점을 마음에 되새기자.

육아는 아이를 기르는 것과 동시에 자신을 기르는 일이다. 아이와 부모 · 어른이 함께 배우고 발전하는 것이다.

매일같이 하는 식사만 보더라도 소중한 내 아이를 먹이는 일이라면 요리법만이 아닌, 국내 식량 사정이나 수출입의 문제점, 지구환경의 문제점, 유통구조 등 많은 것들을 배울 수 있다. 그 외에도 육아를 통해 교육이나 교통, 놀이장소, 보육 등 광범위한 지식을 쌓을 수 있다.

물론, 현재 우리의 육아 형태가 엄마 혼자서 전부 떠안아야 하는 실정이란 것은 인정한다. 예전과 비교해서 아빠의 육아

협조와 참여가 늘고, 육아에 대한 사회 지원도 다소 좋아졌다고는 하지만, 아직도 엄마의 부담을 덜어주기에는 충분하지 않다. 하지만 그렇다고 아이 탓으로 돌리는 데는 문제가 있다. 먼저 부부가 함께 가사와 육아 분담에 대한 대화를 충분히 나누도록 하자.

"엄만, 너 미워!"

아이가 말을 듣지 않을 때, 화가 나서 자신도 모르게 "엄만, 너 미워!"라고 말한 적은 없는가? 이것은 부모가 아이에 대한 애정을 부정하는 말이다.

아무리 말을 듣지 않는 아이라고 해도 아이는 언제나 부모의 사랑을 원한다. 그리고 애정을 확인하고 싶어 한다. 아무리 심하게 혼을 내더라도 아이는 엄마를 제일 좋아한다. 형제가 있으면 서로 부모의 애정을 받으려고 한다. 자기와 형제들 중 엄마가 누구를 더 사랑하는지 늘 확인하려고 한다. 게다가 아이는 혼자서 살지 못한다. 부모의 보호 없이는 하루도 생활을 할 수 없다.

이렇게 약한 입장에 처한 아이가 부모에게 사랑을 받지 못한다고 느끼면 어떤 생각이 들까?

엄마 입장에서는 "엄만, 너 미워!"라고 했던 건 일시적인 감정에 불과하며, 그런 말을 한 것조차 금세 잊어버린다. 하지만 아이는 그 말을 계속 마음에 담아둔다. '이런 일을 하면 엄마한테 미움을 받지는 않을까?' 하는 불안한 마음을 갖고 살아가게 된다. 그러면 어떤 일에도 적극적으로 나서지 못하고 자기가 가진 능력을 충분히 발휘하지 못한다.

또 "미워"라는 말을 한 뒤에, 더 나아가 "네가 그러니까 친구들도 널 미워하지"와 같은 말을 한 적은 없는가?

엄마만이 아닌, 친구나 이 세상 모든 사람들에게 미움을 받는다는 말은 아이에게 커다란 충격이다. 아이는 자신감과 의욕을 잃고, 어둡고 우울한 성격을 갖게 될지도 모른다. 화가 나서 이런 말을 했다면 아이에게 바로 사과하자. "조금 전에는 엄마가 화가 나서 심한 말을 했지만, 사실은 널 많이 사랑해. 미안해, 엄마가 심했어"라고 하자. 이런 말을 들으면 아이는 안심할 것이다.

"너 같은 건 … "

아이한테 이런 심한 말을 하는 엄마가 있냐며 놀라는 사람이 있을지도 모른다. 하지만 실제로 상당수의 부모가 "너 같은 건 태어나지 말았어야 해" "내가 왜 너 같은 걸 낳았는지 몰라"라는 말을 한 경험이 있다고 한다. 한편, 아이들에게 물어도 "그런 말을 들은 적이 있다"고 많은 아이들이 대답했다. 또, 지금 엄마가 된 사람들에게 "부모님한테 들었던 말 중, 가장 상처가 되었던 말은 무엇인가?"라는 질문에, 몇몇 사람들이 이 말을 꼽았다.

옛날이나 지금이나 부모들은 의외로 무심하다. 물론, 사는 게 너무 힘든 나머지 그런 말을 뱉는 딱한 경우도 없지는 않다. 하지만 이 세상에 태어난 것에 대해 아무런 책임도 잘못도 없는 아이한테 그런 말을 하는 것은 심한 일이다.

이 말은 아이의 존재가치를 부정하는 말이다. 농담이든, 일시적인 감정에서든 절대로 입에 담아서는 안 되는 말이다. 이런 말을 들은 아이는 얼마나 슬프고 심한 상처를 받겠는가? 이 말은 엄마와 아이 사이의 애정과 신뢰를 깨고 유대관계마저 끊어 놓는다.

만약, 실수로 이런 말을 했다면 아이가 잃어버린 애정과 신뢰를 회복하는 데 전력을 기울이자. "넌 엄마한테 있어 아주 소중한 존재야. 이 세상 무엇과도 바꿀 수 없는 보물이란다" "엄마는 널 사랑해" "어떤 일이 있어도 엄마는 네 편이야"라는

사실을 말로 마음으로 행동으로 계속 표현하자. 그리고 이것은
아무리 용서를 빌어도 용서받을 일이 아니란 사실을 부모들은
자각했으면 한다.

5장 문제아로 만들지 않는 마법의 말

아이의 골치 아픈 버릇을 없애는 비결

심하게 떼쓰는 아이라면

자기 마음에 들지 않는 일이 있으면, 금세 화를 내며 발버둥을 치거나 소리 지르며 우는 아이가 있다.

3~4살쯤 되면 자아가 싹트기 시작해 뭐든 자기가 하려고 한다. 그런데 엄마가 계속 아기 취급을 하면 화를 내고 떼쓰는 경우가 있다. 또, 뭐든지 자기가 하고 싶은데 아직 몸이나 손발의 발달이 미숙해서 뜻대로 움직여지지 않는 자신한테 화가 나서 떼를 쓰는 경우도 있다.

그리고 이때쯤 되면 집중력도 상당히 발달해서 자신이 흥미를 느끼는 일에는 오랜 시간 열중할 수 있다. 하지만, 너무 열중한 나머지 쉬는 것도 잊어버린 채 매달리다 지치는 순간, 폭발해버리는 경우도 있다.

이처럼 화를 내거나 조르거나 떼를 쓰는 데는 아이 나름대로 이유가 있다. 어른들은 자신의 상황을 이야기해 납득시키기도 하고, 누군가에게 조언을 듣기도 하는 등 자기만의 해결방법을 갖고 있다. 그러나 아이들은 아직 그런 방법을 모른다. 때문에 감정을 밖으로 폭발시킨다.

아이가 밖에서 떼를 쓰면 남들 보기에 창피하고 시끄럽다는 이유로 아이가 하자는 대로 해주기 쉽다. 하지만 그러면 아이의 행동은 고쳐지지 않는다. 오히려 떼를 쓰면 뭐든 하고 싶은 대로 한다고 생각한다.

그렇다고 혼을 낸다고 문제가 해결되는 건 아니다. 오히려 떼쓰는 것을 더욱 부추기기만 할 뿐이다.

아이가 떼를 쓰며 울 때, 자기 자신에게 화가 나 있거나 피곤해서 그렇다면 엄마가 포근하게 안아주고 부드럽게 달래어 화를 가라앉혀주자.

아이가 화난 감정을 말로 표현하는 나이라면 "많이 속상했지?" "그래서 화가 났구나" 등의 말로 공감을 해주자. 부모가 자기 마음을 알아준다고 느끼면 아이는 화가 풀린다. 화난 감정을 표현한다는 것은 어떤 의미로 볼 때, 자기 의지가 확고하다고 말할 수 있다. 아이 기분에 공감하며 아이가 말로 자신의 기분을 표현하도록 이끌어주자.

자주 울음을 터뜨리는 아이라면

아이들 중에는 울보라고 불릴 만큼 잘 우는 아이도 있다. 일반적으로 아이들은 4살 정도까지 잘 운다. 그 이유 중 하나는 아직 말을 능숙하게 못하기 때문이다. 갖고 싶은 물건, 하고 싶은 일, 싫은 일이 있어도 말로는 완벽하게 전달하지 못하기 때문에 울음으로 호소한다.

또, 과잉보호를 하며 응석받이로 키운 아이는 뭐든지 울음으로 자기 요구를 해결하려고 한다. 이런 아이는 말을 잘 하더라도 자신의 요구나 희망사항을 전달하지 못하고 바로 울음을 터뜨려버린다. 부모가 울지 말라고 혼을 내도 효과는 없다.

이런 아이는 먼저 안아주는 등의 스킨십을 통해 슬픈 기분을 받아준 뒤, 우는 이유나 기분을 말하도록 해야 한다. 물론, 한두 번 이렇게 한다고 해서 우는 버릇이 고쳐지지는 않는다. 몇 번이고 반복하면서 끈기 있게 계속해야 한다.

그러다 아이가 말로 자신의 요구를 전달했을 때는 칭찬해주자. 동시에 "그렇게 금방 우는 건 아가들이나 하는 짓이라 창피한 거야" "네가 갖고 싶은 거나, 하고 싶은 일이 있으면 엄마한테 말로 해주겠니?" "네가 아무리 울어도 말하지 않으면 엄마는 들어주지 않을 거야"처럼 알아듣게 타이르자.

반면, 평상시에 거의 울지 않는 아이의 경우는 다르게 대응해야 한다. 엄마 품에 안겨 실컷 울게 해주자. 울고 싶은 만큼 실컷 울게 한 뒤에, 무엇 때문에 슬프고 속이 상했는지 아이 말을 차분히 들어주자. "네가 울 정도면 많이 속상하고 슬픈 일이 있었을 텐데, 엄마한테 말해주겠니?"라고 물어보자.

아이는 엄마의 따뜻한 품에서 실컷 운 것으로 엄마가 자기 마음을 알아줬다고 느끼기 때문에 솔직하게 표현할 것이다.

우는 행위 자체가 꼭 나쁜 일만은 아니다. 감수성이 예민하고 따뜻한 마음을 가졌다고 볼 수 있다. 단, 나이를 먹어도 늘 울기만 하고, 자신의 감정이나 요구사항을 말하지 못한다면 문제가 있다. 그러므로 부모는 아이가 울어도 좋으니 자신의 감정을 말할 수 있는 분위기를 만들어줘야 한다.

제멋대로 구는 아이라면

3~5살 정도라면 떼를 쓰거나 소리를 지르며 울어도 그렇게 걱정하지 않아도 된다. 반항기 때 나타나는 증상 중 하나이기 때문이다. 하지만 5살이 지나도 계속된다면 문제가 있다.

혹시 아이가 친구들과 잘 어울리지 못하거나 제멋대로는 아닌가? 아이가 하자는 대로 키우거나 친구들과 놀이 경험이 적으면, 자기 생각대로 되지 않았을 때 화를 내거나 떼를 부리는 버릇은 좀처럼 고치기 힘들다.

엄마가 공원이나 놀이터 같은 곳에 데리고 가서·유치원이나 초등학교와는 다른 분위기 속에서 친구들과 노는 데 익숙해지도록 하는 것도 한 가지 방법이다. 같은 또래 친구들은 자기가 하자는 대로 하지 않는다. 때로는 장난감을 빼앗기도 하고 장난을 치기도 한다. 바로 이것이 중요한 점이다.

아이는 친구들과 놀면서 자기 주장을 펼칠 때와, 자기가 하고 싶은 걸 참고 친구들에게 맞춰야 할 때가 있다는 것을 배운다. 자기가 하고 싶은 일만 주장하면 이기적인 아이로 통하여 친구들이 멀리할 것이고, 반대로 언제나 친구들이 하자는 대로만 하면 재미없는 아이로 불릴 것이다. 아이는 밀고 당기는 미묘한 타이밍과 밸런스를 친구들과 놀면서 배워나간다. 이것은 엄마가 아무리 말로 가르친다고 해도 익히지 못한다.

엄마는 아이가 친구들과 놀다가 싸움이 벌어졌다고 해도 섣불리 참견을 해서는 안 된다. 그렇지 않으면 스스로 싸움을 해결하는 지혜나 요령을 터득하지 못한다. 그리고 아이가 하고 싶은 것을 참거나 친구에게 장난감을 빌려주면 "기특하기도 하지!"와 같은 칭찬을 해주자.

또 한 가지, 엄마는 아이의 식생활이 어느 한쪽으로 치우침이 없는지 신경 써야 한다. 인스턴트 식품을 많이 먹이지는 않는가? 식사가 육류나 당분에 치우치면 쉽게 초조해하고, 집중력이 떨어지고, 화를 잘 낸다고 한다. 균형 있는 식사로 아이 성격이 차분해지는 경우가 많다.

부모만이 아이의 식생활에 신경을 쓸 수 있고, 부모이기 때문에 신경을 써야 한다. 맛있게 만들어서 즐겁게 먹는 것만이 아닌, 영양의 균형을 생각하는 일도 중요하다. 물론, 가정에서 어려운 영양학까지 알아야 할 필요는 없다. 다양한 식품을 골고루 먹이는 것으로 충분하다. 하루에 30품목을 먹도록 목표를 세워보자. 또, 식단을 짤 때 하양, 초록, 빨강, 노랑 등 색깔의 균형도 생각하자.

판단력과 이해력이 부족한 아이라면

어릴 때부터 부모가 하라는 대로 해서 ‘말 잘 듣는 아이’로 불렸던 아이는, 자기가 스스로 생각하는 일에 익숙지 않다. 그래서 어떤 사물을 보고 스스로 판단하거나 차근차근 생각하는 것이 서툴다. 그러므로 엄마는 아이가 말하기 전에 미리 해주지 말고, 아이가 자신의 요구를 말로 전달하고 마음을 표현하도록 이끌어줘야 한다.

그러려면 먼저 아이가 말하기 쉽도록 자상하게 말을 걸어줘야 한다. 말을 하는 데 익숙하지 않은 아이의 말은 요점을 파악하기 힘들다. 그래도 하나씩 들어주면서 가끔 “그래서 어떡하고 싶은데?”와 같은 질문으로 말하기 쉬운 분위기를 만들어주자. 절대로 재촉해서는 안 된다.

또, 다른 사람이 하는 말의 요점을 파악하지 못해서 무슨 말인지 모르는 경우도 있다. 말을 이해하지 못한 아이에게 “네가 똑바로 듣지 않으니까 그렇지!”와 같은 식으로 혼내는 건 금물이다. 늘 이렇게 혼이 나면 똑바로 들어야 한다는 것에만 신경을 쓰다 정작 말을 이해하는 일에는 소홀해진다. 거기에 또 혼날지 모른다는 걱정까지 겹쳐서 말을 제대로 듣지 못하는 경우까지 생긴다.

아이의 입장이 되어서 이해하기 쉬운 말로 이야기하는 것이 가장 중요하다. 사소한 일이라도 좋으니 아이와 대화를 나눠보자. 부모가 일방적으로 말을 하거나 지시를 하는 것이 아니라 아이가 말을 하도록 해야 한다. 말을 주고받는 대화가 필요하다.

독서도 사물을 논리적으로 이해하고 난 다음에야 효과가 있다. 어려운 책을 선택할 필요는 없다. 아이가 좋아하는 것이 나온 책, 예를 들어 동물을 좋아하는 아이라면 동물이 나온 책, 축구를 좋아하는 아이라면 축구에 대한 책이 좋다.

엄마도 아이와 함께 읽고 책에 대해 말해보자. 예를 들어 동물 책을 읽은 아이가 "동물 중에 제일 빠른 동물이 치타래"라고 하면 "그래? 좋은 걸 배웠구나!"라고 받아주자. 그러면 아이는 '어떤 사실을 안다는 건 재미있고 굉장한 일'이라고 느낀다. 이런 일들을 반복하다 보면 아이는 사물을 확실히 이해한다.

그러면 시험에서 문장을 읽고 답을 적는 문제에도 차츰 답을 빨리 적는다.

잠시도 가만히 있지 않는 아이라면

조금 전만 해도 미니 자동차를 갖고 놀더니 어느새 블록 쌓기를 하고, 블록 쌓기를 한 지 채 2분도 안 되어 컴퓨터 게임을 하다 얼마 못가 다른 장난감을 갖고 노는 식으로 차분하게 한 가지 일을 계속 하지 못하는 아이가 있다.

이런 아이들은 세 가지 유형이 있다. 첫 번째 유형은 너무 많은 일에 흥미가 있어서 한 가지 일을 시작하면 바로 다른 일이 하고 싶어지는, 흥미나 관심이 계속 이동하는 유형이다.

이런 경우는 시간이 지나면, 정말로 자기가 좋아하는 일이 무엇인지 스스로 알게 되므로 조금만 기다려주자. 그러다 평상시보다 블록 놀이를 오래 해서 어떤 것을 만들면 "아주 멋진 걸 만들었구나!" 하며 칭찬해주자. 아이가 장난감을 이것저것 꺼내서 놀며 어질러 놓더라도 노는 중간에는 "다 갖고 놀았으면 정리한 다음에 다른 장난감을 갖고 놀아야지!"와 같은 주의는 주지 말자.

두 번째 유형은 첫 번째 유형과는 반대로 자기가 하고 싶은 것을 아직 찾지 못한 아이이다. 이 유형의 아이는 다양한 경험을 시켜 본인이 열중할 일을 찾을 수 있는 기회를 줘야 한다.

집에만 있지 말고 가까운 곳으로 산책을 나가서 꽃이나 곤충을 관찰해도 좋고, 하이킹을 가거나, 그림을 그린다든가, 동물원이나 과학박물관을 가도 좋다. 그러다 아이가 어떤 일에 흥미를 느끼면, 그것에 관한 책이나 장난감을 사주어 체험한 일을 집에 와서 다시 체험하도록 해주자.

엄마와 아빠는 아이에게 물건만 사주지 말고, 그곳에서 있었던 재미있는 일이나 신기하게 생각했던 점에 대해 아이와 대화를 나누고 모르는 점이 있으면 알아보자. 만약, 아빠가 함께 가지 못했다면 아빠에게 그날의 일을 얘기해주는 것도 좋다. 즐거웠던 기억이 떠오르기 때문에 기쁨은 배가 된다.

이런 경험이 쌓이면서 아이는 자기가 좋아하는 일을 확인할 수 있고, 한 가지 일에 꾸준히 매달리는 자세도 생긴다.

세 번째 유형은 유치원이나 학교에서 차분히 있지 못하고, 선생님 말씀을 제대로 듣지 않는 아이이다. 이런 아이들의 대부분은 준비물을 자주 잊고, 약속이나 규칙을 지키지 못한다.

대체로 사소한 일에도 일일이 주의를 주는 엄마 밑에서 자란 아이에게 많이 나타난다. 예를 들어 이런 타입의 엄마는 아이가 밥을 먹을 때에도 "팔 내리고 똑바로 먹어야지" "그렇게 딴데 보다가 밥그릇 엎겠다" "반찬만 먹지 말고 밥하고 같이 먹어” 등등 끊임없이 주의를 준다.

이런 엄마의 주의를 일일이 신경 써서 듣는다면 아이는 지쳐 버리고 만다. 그래서 적당히 듣게 되고, 그러다보니 남의 말을 적당히 듣는 태도가 몸에 배어버린다. 그래서 선생님이 중요한 얘기를 하더라도 자신도 모르게 다른 생각을 하면서 듣는다. 그 결과 숙제를 깜박하든지, 준비물을 잊는다든지, 공부에 집중하지 못하는 아이가 되고 만다.

물론 엄마도 자기 아이가 바르게 자랐으면 하는 마음에 주의를 주겠지만, 이것은 오히려 역효과만 불러일으킬 뿐이다. 오늘부터라도 하루에 한두 번 정도만 주의를 주는 건 어떨까?

솜씨가 없어 서투른 아이라면

사람은 천성적으로 솜씨가 있는 사람과 없는 사람이 있다. 이렇듯 손재주는 개인차가 있다. 엄마들 중에도 어린 시절이나 아이의 유치원 참관 수업 중 만들기 시간에 난감한 경험을 한 사람이 있을 것이다.

똑같은 재료로 똑같은 물건을 만들어도, 솜씨가 있는 사람은 빠른 손놀림으로 멋지게 만드는 반면, 솜씨가 없는 사람은 시간도 오래 걸리고 어설프게 만들어 놓는다.

솜씨 없는 엄마라면 아이 역시 솜씨가 없더라도 '날 닮아서 그런 거니 할 수 없지'라고 포기하지만, 엄마는 솜씨가 좋은데 아이가 그렇지 않으면 '넌 왜 이런 것도 제대로 못해!'라고 화를 내거나, 아이가 제대로 하지 못하는 걸 보고 답답한 나머지 '엄마가 해줄 테니까 이리 줘봐' 하며 해주고 싶은 마음이 들기도 할 것이다.

하지만 무슨 일이든 경험 없이는 능숙해지지 않는다. 지금 엄마들도 어릴 때는 못했지만 어른이 되면서 잘하게 된 일이 많을 것이다. 이것은 경험이 쌓이고 쌓여서 만들어진 결과이다. 그러므로 엄마는 아이가 연습할 기회를 뺏어서는 안 된다.

솜씨가 없는 아이는 손을 움직여서 하는 일에 익숙하지 않거나, 도구 사용법을 잘 몰라서 못하는 경우도 있다. 아이를 과잉보호해서 가위나 칼은 위험하다고 못쓰게 하고, 나무 타기도 위험하니까 못하게 하고, 옷 입는 거며 세수(양치질)하는 것까지 항상 엄마가 도와주면, 손을 사용할 기회가 적어져 솜씨가 늘지 않는다.

천천히 해도 또는 못해도 좋으니까 가능한 한 아이가 스스로 하게끔 시키고 엄마는 옆에서 지켜봐주자.

만약 아이가 서툴더라도 "넌 왜 그렇게 솜씨가 없어!" "이게 뭐야!"와 같은 말은 하지 말자. 엄마한테 그런 말을 들으면 아이는 점점 위축되어 자신감을 잃고 만다. '어차피 난 솜씨도 없는데' 하며 미리 포기하고 의욕마저 잃는다.

비록 서툴긴 해도 아이가 혼자서 해냈다면 "해냈구나, 기특하기도 하지!"와 같은 말로 칭찬해주자. 못한 것을 보고 '잘했다'고 칭찬할 필요는 없지만, 아이의 노력을 인정하고 공감해주자.

사람은 누구나 한 가지 재능은 갖고 있다. 아이의 재능을 찾아서 길러주면 아이는 자신감을 갖는다. 그러면 못하는 일도 도전하고자 하는 의욕이 생기고 그러다 보면 차츰 잘하게 된다.

장난만 치는 아이라면

며칠 전, 이런 상담을 하러 온 엄마가 있었다.

"요즈음 들어 아이가 장난이 심해졌어요. 인형 옷을 가위로 자르기도 하고, 로봇의 팔다리를 전부 떼어서 분해하기도 하고, 옷장이나 벽에다 낙서를 해놓곤 해요. 혼을 내면 거짓말을 하거나 숨어서 하지 뭐예요. 어떨 때는 "엄마는 저리 가"라고 하기도 하고 시치미를 떼거나 변명을 하기도 해요. 아이 장난이 더 심해지고 자꾸 거짓말을 할까봐 걱정이에요."

호기심은 발명과 발견의 어머니이다. 4살 무렵부터는 호기심이 발달하는 시기이기도 하다. 손발의 근육이 발달해서 가위나 칼을 쓸 수 있게 되기 때문에 도구를 사용해서 뭔가 해보고 싶은 마음이 생긴다. 그러므로 특별히 위험하거나 남에게 피해를 끼치지 않는 수준이라면 너그럽게 봐주자. 예를 들어 자기 장난감이라면 분해를 해도 좋다든가, 자기 옷장이라면 낙서를 해도 좋다는 것과 같이 한 가지 정도는 풀어줘도 좋다.

로봇이나 카세트테이프 같은 것을 분해하다 보면 어떤 구조로 되어 있는지 아이 나름대로 납득한다. 엄마도 아이와 함께 "아, 카세트테이프 안은 이렇게 되어 있구나. 그럼 소리는 어디서 나올까?" "여기가 이렇게 되어 있어서 로봇이 움직이는구나"처럼 같이 알아보고 대화하는 것도 좋다. 아이와 같이 발견한 것은 크게 기뻐하자.

그리고 아이의 기쁜 마음을 공감해주며 "굉장하다, 그치?" "재미있는 걸 찾아냈구나!"와 같은 말을 해주자. 아이는 엄마가 인정해주면 더욱 기뻐한다. 이렇게 대응을 해주면 아이의 호기심은 충족된다. 엄마가 혼내지 않고 자기와 함께 알아봤다는 사실이 기뻐서 두 번 다시 똑같은 장난은 치지 않는다.

물론, 다하고 난 뒤에는 "이렇게 분해하면 이제 다시는 못 써" "망가진 로봇을 보니까 불쌍하다"는 식으로 한 마디 덧붙이거나, 만약 아이가 옷장에 상처를 내거나 낙서를 했다면 자신의 장난으로 피해를 입는 사람이 있다는 사실을 확실히 가르쳐주자.

이 정도 연령에 호기심이 강한 아이를 두었다면, 엄마와 아빠한테 중요한 물건은 아이 눈에 띄지 않게 보관을 잘 해야 한다. 호기심이 왕성한 아이는 어른들이 생각지도 못한 장난을 치기 때문이다. 아이가 물건을 망가트리고 엉망으로 해놓으면 화가 나서 아이를 심하게 꾸짖기 쉽다.

또, 장난 치다가 아이가 다치는 경우도 있다. 이런 일을 피하려면 집 안을 가능한 심플하게 하는 것이 중요하다.

아이가 장난을

칠 때마다 야단을 치면 탐구심이나 상상력이 없어진다. 이것은 참으로 안타까운 일이다. 그리고 자기가 하고 싶은 일마다 제약을 받으면, 미련을 버리지 못하고 장난을 멈추지 않는다. 또, 앞에서 말한 엄마의 경우처럼 아이가 숨어서 하다 들키면 시치미를 떼거나 거짓말을 하게 된다. 오히려 이런 행동이 더욱 문제이다.

행동이 느려 시간이 걸리는 아이라면

요즈음은 뭐든지 빨리 하는 아이를 좋게 보고, 느린 아이를 나쁘게 평가한다. 행동이 느린 것이 그렇게 나쁜 일일까? 어른도 급한 사람이 있고 느긋한 사람이 있다. 어느 쪽이 더 좋고 나쁘다고는 말할 수 없다. 모두 개성이기 때문이다.

주어진 일을 천천히 하는 아이는, 그만큼 정성 들여 꼼꼼히 하고 있는 셈이다. 성실하고 꼼꼼한 성격이라고 볼 수 있다. 이것은 결코 나쁜 것이 아니다. '급할수록 돌아가라' 는 속담도 있지 않은가?

하지만 어떻게 해야 할지 몰라서 늦는 경우도 있다. 엄마가 지켜보았을 때 아이가 필요 없는 행동을 한다든가, 비효율적인 행동을 한다면 약간의 주의를 줘도 좋다. 단, 말하는 방법에 신경을 써야 한다. "이렇게 해"라고 명령하지 말고, "이런 식으로 하니까 엄마는 잘 되던데. 한번 해보지 않을래?"와 같이 말하자. 만약 그렇게 해서 잘 되었다면, "우와, 많이 늘었구나! 엄마는 네가 잘할 줄 알았어. 역시 우리 딸(아들)이야!"와 같은 식으로 칭찬해주자.

한 가지 주의할 점은, 엄마가 기다리지 못하고 참견을 하거나 도움을 주는 일이다. 부모가 아이를 대신해서 해주면, 아이는 그만큼 자기가 할 기회를 뺏기는 것이다. 뭐든지 연습 없이 잘할 수는 없다.

꼼꼼한 성격의 아이는 일을 할 때 적당히 하지 못한다. 뭐든 확실히 제대로 하는 것은 아주 좋은 일이다. 그러다보니 정성 들여 꼼꼼히 하다 시간이 걸린다. 그렇다고 "왜 이렇게 느려!" "너무 굼떠서 탈이야"와 같은 말은 하지 말자. 정성 들여 제대로 하는 것을 인정해주자.

천천히 하는 것이 신경 쓰인다면, 다양한 분야에서 많은 일을 경험시키고 연습할 기회를 많이 주자. 반복 연습을 하다보면 속도도 점점 빨라진다. 하지만 그 전에 엄마 자신부터 '빨리 하는 것이 좋다'는 잘못된 생각부터 고치자.

아이들은 원래 질투심이 강하다. 늘 형제와 자신을 비교하며 부모의 사랑을 확인한다.

형제나 다른 집 아이에게 질투를 하는 원인은 다음과 같다.

1. 지기 싫어하는 성격으로 감수성이 예민하다.

지기 싫어하는 성격은 결코 나쁜 것이 아니다. 올림픽에서 메달을 따는 선수들이나, 한 가지 분야에서 성공한 사람들, 이름을 떨친 사람들 대부분 남에게 지지 않으려는 마음이 있었기에 열심히 노력해서 얻은 결과이다.

그런 세계적인 수준까지는 아니더라도 지금보다 성적을 올리려고, 더 빨리 달리려고, 또는 자신이 흥미를 갖는 분야에서 더 잘하려고 열심히 하는 것은 지기 싫어하는 마음에서 나오는 경우가 많다.

2. 엄마의 애정에 불만이 있다.

이런 아이에게는 엄마의 애정을 확실히 느끼도록 표현해주고 아이의 불만이나 요구사항을 잘 들어줘야 한다. 먼저 "엄마

는 네가 제일 좋아" "넌 엄마한테 아주 소중한 존재야" "엄마
는 언제나 네 편이야"와 같은 말을 자주 해주자.

형제가 있는 아이라면, 아이 한 명씩 일대일로 대하는 시간
을 갖자. 아이는 늘 자신과 형제를 비교하며 누가 더 엄마한테
사랑받는지 경쟁하고 있다. 그리고 대부분의 경우 자기보다 형
제를 더 사랑한다고 생각한다. 엄마 본인은 '아이들 모두 똑
같이 사랑한다'고 생각하겠지만 아이는 그렇게 생각하지 않는
다. 짧은 시간이라도 좋으니 그 아이하고만 마주하는 시간을
만들어보자.

3. 열등감이 강하다.

이런 아이들의 엄마를 보면 혼을 낼 때 형제나 친구들과 비
교하는 경우가 많다. 아이한테 "형은 저렇게 잘하는데, 넌 왜
이 모양이야!" "네 친구 윤호는 잘하는데, 넌 왜 못해!"와 같은
말을 하지는 않는가?

이런 말을 계속 듣다보면 아이는 자기가 쓸모없고, 다른 사
람보다 열등하다는 생각을 한다. 자기 자신에게 자신감이 없기
때문에 항상 다른 사람을 질투한다. 부모는 아이의 장점을 찾
아 인정해줘야 한다.

배려심이 없는 아이라면

"저희 아이는 마음이 없는 것 같아요."

어느 날, 한 엄마로부터 이런 전화 상담을 받았다.

"왜 그렇게 생각하시는데요?"라고 물어보니, 엄마는 다음과 같이 말했다.

"오늘 아이가 학교에서 돌아와서는 친한 친구가 감기로 결석했다고 하기에 '안됐구나' 라고 하니까, '왜요?' 라고 하는 거예요. '감기로 열이 나서 누워 있어야 하니까 놀지도 못하고 불쌍하잖아.' '내가 불쌍하다고 생각해봤자, 승혁이 감기가 낫는 것도 아니잖아요' 라고 말하지 뭐예요. 이렇게 키우지 않았는데 어떡하다 이렇게 차가운 아이가 됐는지 모르겠어요. 정말 충격이었어요. 남을 배려하고 따뜻한 마음을 가진 아이로 커주길 바랐는데 …"

아이의 엄마는 남을 배려하고 따뜻한 마음을 가진 아이로 기르고 싶어서, 유치원 때부터 아이와 정서적인 대화를 많이 하려고 노력했다고 했다. 그래서 좀더 구체적으로 어떤 대화를 하고 어떻게 키웠는지 물어봤다. 유치원에 들어갈 무렵부터 글을 가르치고 학원에도 보냈다고 했다. 그 때문인지 초등학교에 들어가서도 1, 2학년 중반까지는 성적도 매우 좋았다고 한다. 하지만 2학년 2학기부터 수업 중간에 교실을 왔다 갔다 하기도 하고, 괴성을 지르기도 한다는 말을 선생님한테 들었다고 했다.

그러나 얘기를 들어보니 엄마가 생각하고 있는 것과 실제로 아이한테 한 행동에는 상당한 차이가 있었다. 남을 배려하고 따뜻한 마음을 가진 아이로 기르고 싶다면서 실제로 엄마는 아이한테 정반대의 행동을 했다.

원래 이 연령의 아이들한테는 공부를 시키거나 학원에 보내기 전에, 친구들과 노는 것처럼 정서적인 접촉을 많이 해야 한다. 또, 엄마가 아이한테 질문을 할 때에도 공부나 학원에 대한 얘기가 아닌 "오늘 급식은 맛있었어?" "학교에 있는 벚꽃나무에 꽃은 폈니?" "네 짝 민지가 감기에 걸렸다더니 다 나았어?"와 같은 정서적인 내용을 물어봐야 한다.

겉으로 보기에는 아무 상관 없어 보이겠지만, 유아기부터 초등학교 저학년까지 부모와 아이 사이에 어떤 대화를 많이 했는지에 따라 이후의 인간관계에 좋은 영향을 끼칠 수도, 나쁜 영향을 끼칠 수도 있다. 그러므로 아이가 어릴 때부터 정서적인 대화를 많이 나누도록 하자.

틱 장애가 걱정되는 아이라면

"저희 아이가 최근에 눈을 계속 깜박거려요. 틱 장애인가요? 어떡하면 멈출 수 있을까요? 정말 속상해 죽겠어요. 보기도 싫고 남부끄럽기도 하고…"

아이의 틱 장애 때문에 고민하는 엄마의 상담 내용이다. 그러나 엄마의 말을 들으면서 약간 위화감을 느꼈다.

심하게 눈을 깜박거리는 틱 장애는 엄마가 창피하지 않기 위해 고쳐야 하는 병이 아니라, 아이를 위해 고쳐야 한다. 틱 장애는 아이가 과도한 스트레스를 받아서 생기는 마음의 SOS 신호다. 그러므로 아무리 "하지 마!" "눈 깜박이지 말랬지!"라고 하더라도, 그만둘 수 있는 문제가 아니다.

먼저, 아이의 일상생활을 재점검해보고 아이한테 무리는 없는지, 안 좋은 일이 있지는 않았는지 원인을 찾는 일부터 시작해야 한다.

만약 아이가 유치원생이나 초등학교 저학년인데 피아노, 영어, 미술, 수영과 같은 과도한 학원 수업을 매일 받고 있다면, 아이는 빡빡한 스케줄 때문에 심한 스트레스를 받아서 거기에 대한 보상심리로 눈을 깜박거리는 행위를 시작했다고 볼 수 있다. 그러면 학원 종류나 횟수를 아이한테 무리가 없는 방향으로 줄여야 한다.

혹은, 아이 밑에 동생이 태어났다면, 엄마의 관심이 자기한테서 떠났다고 느껴져 그럴 수도 있다. 이런 경우에는 아이에게 조금 더 관심을 갖고 대하면 틱 증후군 증세는 점차 나아진다.

아이를 건강하게 키우는 일은 부모의 체면을 위해서가 아닌 아이의 행복을 위해서이다.

식생활, 최소한 이것만은 신경쓰자

어른 중에서도 많이 먹는 사람과 적게 먹는 사람이 있다. 아이도 마찬가지이다. 비슷한 체격을 가졌어도 뭐든지 많이 먹는 아이와 이렇게 조금 먹고도 괜찮을지 걱정될 만큼 적은 양을 먹는 아이가 있다.

대부분의 엄마들이 많이 먹는 아이는 별로 걱정하지 않지만 적게 먹는 아이는 걱정한다. 아이가 적게 먹더라도 건강하고 활기차면 걱정하지 않아도 된다. 이런 아이의 부모를 보면 대체로 부모들도 적게 먹는 경우가 많다. 아이에게 억지로 먹으라고 강요할 필요는 없지만, 식사할 때는 즐거운 분위기를 만들고 다양한 음식을 골고루 식탁에 올리려고 노력하자.

원래 적게 먹는다면 괜찮지만, 그렇지 않은 경우도 있다. 밥을 먹기 전에 과자를 너무 많이 먹는 경우가 그렇다. 그러면 식사시간에 배가 부르기 때문에 많이 먹지 못한다. 또, 밥을 충분히 먹지 못했기 때문에 다음 식사 시간이 오기 전에 배가 고파지고, 그러다보면 다시 간식을 찾는다. 이런 악순환으로 인해 적게 먹는 것은 그냥 놔둬서는 안 된다. 아이의 식생활을 개선할 필요가 있다.

먼저, 하루 생활시간을 고쳐보자. 기상 시간, 취침 시간은 물론이고, 간식 시간과 양까지 철저히 정해놓자. 아이가 먹고 싶을 때 먹고 싶은 과자를 원하는 만큼 먹게 한다면 당연히 아이는 밥을 제대로 먹지 못한다. 이 정도는 아니라도 아이가 마음대로 냉장고에 있는 주스를 꺼내서 마시게 하고, 과자를 줄 때는 봉지째 주거나 하지는 않는가? 혹은, 아이가 자유롭게 편의점 등에서 과자를 사 먹게 하지 않는가?

요즈음은 식구들이 따로 식사하는 가정이 늘고 있다. 물론, 학원에 가는 아이가 많거나 부모가 모두 일을 하는 등 피치 못할 사정이 있을 수도 있다. 하지만 부모라면 적어도 아이가 하루에 뭘 먹었는지 파악했으면 한다. 채소는 충분히 먹었는지,

단백질은 부족하지 않는지, 과자나 인스턴트 음식은 너무 많이 먹지 않았는지 살펴보자. 그리고 가능한 한 가족이 모두 식탁에 둘러앉아 같은 음식을 먹는 횟수를 늘리는 방법을 생각해보자. 인원이 많으면 먹는 음식의 가짓수도 늘어난다. 혼자서 먹을 때보다 균형 있는 식사를 한다.

예로부터 우리는 기쁜 일이나 슬픈 일이 있으면 모두 모여 식사를 해왔다. 사람이 음식을 먹는 일은 단순히 영양을 섭취해 성장하기 위해서만은 아니다. 인성과 사회성을 개발하고 인간관계를 넓히기 위한다는 목적도 있다. 그러므로 가족과 함께 식사하는 시간을 소중히 여기도록 하자.

텔레비전을 끄면 느릿느릿 먹는 버릇이 없어진다

아이들은 2살 반 정도가 되면 혼자서 먹으려는 의욕이 생긴다. 그렇다고 혼자서 능숙하게 먹지는 못한다. 입에 들어가는 양보다 흘리는 양이 훨씬 더 많다. 그래서 엄마들은 먹는 것을 도와주려고 한다.

유럽이나 라틴 아메리카 국가들은 일반적으로 식사를 할 때 2~3시간에 걸쳐 천천히 한다고 한다. 반면, 우리들의 식사 시간은 매우 짧다. 유치원이나 초등학교 점심시간은 거의 20분 정도라고 한다. 그래서 엄마들 사이에는 "우리 아이는 늦게 먹어서 …"와 같은 고민을 하기도 한다.

그렇다고 해도 유난히 밥을 늦게 먹는 아이들이 있다.

혹시 아이가 텔레비전을 보며 밥을 먹지는 않는가? 3~4살 정도의 아이를 둔 엄마들 중에는 텔레비전을 켜놓고 먹이는 편이 훨씬 많이 먹고, 편하다는 사람도 있다. 하지만 그러면 아이는 자기가 무엇을 먹었고, 어떤 맛인지 모른다. 그 결과 밥을 먹는 데 대한 관심까지 적어진다. 또, 텔레비전을 보면서 밥을 먹으면, 가족과 대화가 없어지므로 자발적인 체험을 못한다. 식사 시간에는 텔레비전을 끄고 가족끼리 즐거운 대화를

하며 식사를 하는 건 어떨까?

식사할 때 설교는 금물이다. 식사 시간이 되어야 그나마 몇 분 정도 앉아 있다고 해서 설교를 하기 쉽지만 식사는 즐겁게 해야 한다. 혼나거나 주의를 주려면 적어도 식사를 다 마친 뒤에 하도록 하자. 사람은 배가 고프면 신경이 날카로워진다. 그래서 엄마도 야단을 치고 싶어지겠지만, 야단을 치면 아이 기분까지 불쾌해진다. 반대로, 배가 부른 뒤에는 이런 일로 야단을 칠 필요가 있을까 하는 생각이 들기도 한다.

아이들의 경우는 놀면서 먹기 때문에 먹는 속도가 느리다. 아이들은 장시간 가만히 앉아 있지 못한다. 조금 먹고는 식탁에서 일어나 놀다가 다시 돌아와서 먹곤 한다. 그래서 먹는 시간이 늦어진다.

그럴 때는 노는 아이를 쫓아다니며 먹여주지 말고 "벌써 다 먹었니?" 하고 상을 치우자. 한번 음식을 치우고 나면 아이가 더 먹고 싶다고 해도 다음 식사시간까지는 절대로 주지 않을 만큼 강한 의지가 있어야 한다. 아이는 자기 배가 고프면 밥을 먹기 마련이다. 이렇게 확실히 해두지 않으면 밥을 느릿느릿 먹는 습관이 들여진다.

이렇게 키우면 편식하지 않는다

아이들은 보기에 예쁘지 않은 음식, 질감이 나쁜 음식, 냄새가 강한 음식을 싫어한다. 채소 중에는 피망, 당근, 파를 싫어하는 아이들이 많이 있다. 또, 처음 보는 음식에는 겁을 내고 먹어보지 않은 음식이 있으면 저항감을 나타낸다.

편식이 심하면 유치원이나 초등학교 급식 시간 때 힘들어한다. 그것 때문에 학교 가기가 싫다는 아이도 있다. 이렇게 되지 않도록 어릴 때부터 조금씩 다양한 음식을 먹여야 한다. 예를 들어 새로운 음식을 줄 때는 한꺼번에 여러 가지를 주지 말고 하나씩 주도록 하자. 어른도 먹어보지 않은 음식만 식탁에 가득하다면 먹는 데 주저할 것이다. 하지만 평상시 먹던 음식 중에 한두 가지 정도 처음 보는 음식이 있으면, 한번 먹어보고 싶다는 생각이 든다. 아이도 마찬가지이다. 또, 아이가 싫어하는 음식을 먹일 때에는 갈아서 으깨든지, 잘게 썰든지, 다른 재료와 섞는 등, 조리 방법에 신경써보자.

그러나 이렇게만 해서는 아이가 그 음식을 먹었다는 의식이 없다. 더 좋은 방법은 아이가 싫어하는 음식을 새끼손가락 손톱정도의 크기라도 좋으니 조금만 먹이는 것이다. 아주 조금이라도 먹은 것과 먹지 않은 것은 커다란 차이가 있다.

지인 중 한 사람은 아이가 피망을 싫어하는 것을 이런 방법으로 고쳤다고 한다. 피망을 5가지 다른 맛으로 요리한 뒤, 한 번 먹을 만큼만 접시에 담는다. 5가지 맛은 마요네즈 맛, 케첩 맛, 간장 맛, 소금후추 맛, 레몬 맛이다. 그리고 아이에게 말했다. "네가 피망을 싫어하는 건 알고 있어. 하지만, 엄마는 맛있고 영양도 풍부한 피망을 네가 한번 먹었으면 좋겠거든. 다섯 가지 맛으로 만들었는데, 레몬 맛은 맛이 별로니까 안 먹어도 돼. 소금후추 맛도 먹지 않아도 돼. 나머지 세 가지 맛 중에 네가 먹고 싶은 걸 먹어 볼래?" 그날 이후 아이는 피망을 좋아하게 됐다고 한다. 엄마의 작전이 대성공을 거둔 셈이다.

싫어했던 음식을 먹게 됐다는 건, 어려운 일을 극복한 것과 같다. 이렇게 말하면 과장일지 모르지만, 이것이 바로 성취감이다. 성취감은 자신감으로 이어진다. 인생을 살아가는 데 어떤 면에서든 어려운 일은 하나라도 줄이는 편이 좋지 않을까?

아이 방은 이렇게 만들자

아이 방은 아이한테 맞게 꾸며 활용을 잘 한다면 아이 성장에 더없이 도움이 된다. 그러나 몇 가지 조건이 있다.

1. 부모도 개인 방이나 혼자만의 공간을 갖자.

혼자만의 공간은 그곳으로 도피하여 은둔하기 위해서가 아닌, 자신을 되돌아보고 내면을 채우는 공간이어야 한다.

2. 아이가 원할 때 만들어주자.

아이는 성장을 하면서 자립에 대한 욕구를 나타낸다. 그러면 그에 맞춰 조금씩 공간을 만들어주면 된다. 아이가 원하기도 전에 방을 주면 갖기 전의 기대감, 참는 고통, 가졌을 때의 기쁨을 체험하지 못한다. 방이 있는 걸 당연하게 생각해서 좋은 환경에 있으면서도 항상 만족하지 못한다.

3. 어느 정도 자립해야 한다.

자립이란, 기본적으로 부모의 말 없이도 스스로 정리하고 관리하는 능력을 말한다. 그리고 그뿐 아니라 정신적인 의미의 자립도 필요하다. 스스로 생각하고 판단해서 무언가를 하려는 의욕이 있어야 한다.

4. 방 배치는 부모의 눈길이 닿은 곳이 좋다.

현관에서 바로 2층으로 올라가는 곳에 아이 방이 있으면 트러블의 원인이 된다. 가족이 있는 곳을 지나갈 수 있는 곳, 식당이나 부엌에서 보이는 곳에 아이 방을 배치해야 한다. 그렇다고 항상 부모가 아이를 감시하고 관리한다면 그것도 문제겠지만 …

5. 문을 잠그게 하지 말자

아이 방에 열쇠는 필요 없다. 아파트처럼 처음부터 열쇠가 있는 방이라면 문을 잠그지 않겠다는 약속을 받자. 여러 가지 이유에서 부모는 언제나 아이 방에 들어가도 괜찮다는 사실을 처음부터 일깨워줘야 한다. 만일의 사고에 대비해서 가족 모두가 비상 열쇠를 어디에 두었는지 알아두자.

부모는 아이 방에 자유롭게 출입한다는 원칙 아래 '노크를 한 뒤에 들어가는' 규칙을 만들어도 좋다. 이럴 경우, 부모가 아이 방에 들어갈 때만이 아니라 아이가 부모 방에 들어올 때도 노크를 해야 한다는 사실을 확실히 가르쳐주자.

사춘기가 되면 열쇠로 잠가두는 서랍 하나 정도는 필요하다. 부모가 자유롭게 출입한다고 해서 아이가 없을 때 함부로 방

안을 뒤지거나 아이가 비밀로 하고 싶은 것을 봐서는 안 된다. 이것은 아이와 확실한 신뢰 관계를 유지하기 위해 중요한 일이다.

그럼, 아이가 몇 살이 됐을 때 방을 주면 좋을까?

아이가 자기 방을 갖는 시기는 초등학교 3학년부터가 가장 많다고 한다. 아마도 이 무렵부터 제대로 공부를 시키려는 부모가 많기 때문이라 본다. 그러면 꼭 방을 마련해줘야 아이가 공부를 잘 할까? 방이 있어야 독립심·자립심이 키워질까? 꼭 그렇지는 않다. 오히려 그 반대일 수도 있다. 아이에게 방을 만들어줄 생각이라면, 그 전까지 독립심·자립심을 키워서 부모가 시키지 않아도 공부할 때는 공부하고, 청소할 때는 청소하는 습관을 들여야 한다.

자기 방을 갖고 있는 아이들 대부분 방에 텔레비전이 있다고 한다. 책상이나 책장 외에도 CD플레이어, 에어컨, 컴퓨터까지 갖춘 아이도 있다. 이렇게 방 안에서 모든 일이 가능하도록 해주면 아이는 당연히 방에만 있으려고 한다. 그 결과 부모는 아이를 지켜보지 못하게 된다.

보통 우리들이 사는 집의 구조는 방 2개나 3개가 일반적이다. 이런 집에서 아이 방을 따로 마련해주려면 부모는 서재나

침실 같은 개인 공간을 만들기 어렵다. 그래서 부모는 부득이하게 식당, 거실, 서재, 침실을 겸한 방을 쓸 수밖에 없다. 아이만 자기 공간이 있다는 것은 가정에서 아이가 제일 높은 위치에 있다는 뜻도 된다.

게다가 (물리적이든 심리적이든) 아빠의 부재로 엄마와 아이가 밀착하는 경우라면, 아이의 독립심이나 자립심은 길러지기 힘들다. 아이는 엄마의 지시에 따라 엄마 마음에 드는 행동만 한다. 또, 엄마는 지나치게 아이만을 사랑하고 감싸며 키운다. 이렇게 아이가 하자는 대로만 하면 아이가 엄마 위에 있는 모자관계가 형성된다.

이렇게 기르면 아이가 시험이나 다른 일에 실패하여 좌절했을 때, 아이는 '엄마는 이렇게 바보 같은 나를 더 이상 사랑하지 않을 거야' 라고 생각한다. 그리고 실패를 딛고 일어서지 못한 채, 엄마에게 폭력을 휘두르는 경우로까지 이어진다.

다시 아이에게 방을 주는 시기로 돌아가면, 육아에 대한 사고방식, 주택문제, 가족관계, 지금까지의 양육 방식 등 각각의 가정마다 차이가 있기 때문에 정확히 몇 살부터라고 말하기는 힘들다. 일반적인 기준으로는 초등학교 입학을 기점으로 생각하면 좋을 듯싶다. 학교에 가면 학용품을 정리하고 공부하는 장소가 필요하기 때문이다.

그렇다고 해서 꼭 아이 방을 만들어 줄 필요는 없다. 거실의 한쪽 구석처럼 자투리 공간에 아이만을 위한 공간이 있다면 그걸로 충분하다.

하루 30분 책상에 앉아 있기

"우리 아이는 공부를 너무 안 해요. 매일 같이 숙제하라고 잔소리하지 않으면, 숙제도 안 하고 속상해 죽겠어요." 엄마들한테 이런 상담을 많이 받는다.

하지만 초등학생 중에 정말 공부가 좋아서 자기 스스로 숙제나 예습, 복습을 하는 아이가 있을까? 만약 있다면 이는 상당히 드문 경우이다. 아마 엄마들도 어릴 적에는 매일같이 부모님한테 "공부해야지, 숙제는 다 했어?"라는 말을 들었을 것이다.

누구든 재미있는 일은 빨리 하고 싶지만, 싫은 일은 자꾸만 뒤로 밀어둔다. 대부분의 아이들은 '해야 하는데'라고 생각하면서도, 지금 하고 있는 컴퓨터 게임이나 만화책에 정신이 뺏겨 하기 싫은 공부는 '나중에 해야지'라고 생각한다. 그럴 때 엄마가 '공부해야지! 숙제해야지!' 라고 하면 '지금 하려고 하는데 자꾸 잔소리만 해' 라는 생각이 들어 기분이 나빠진다.

'해야 하는데' 라고 생각하면서 하지 않은 일을 남이 지적하면 누구나 반발심이 생긴다. 엄마도 때로는 저녁 식사 준비가 귀찮을 때가 있을 것이다. 그럴 때, 남편이나 아이가 "밥 아직 안 됐어?"라고 하면 화가 나지 않을까? 그렇다고 안 할 수는 없으니까 '가족을 위해 해야지' 라는 생각으로 마음을 다잡고 하지 않는가?

가장 먼저 할 일은 '하기 싫어하는' 마음을 공감하는 것이다. 예를 들면 이런 식이다. "한창 컴퓨터 게임을 재미있게 하는데, 공부하려니까 싫지? 엄마도 가끔씩 밥하는 게 귀찮을 때가 있거든. 그래도 엄마는 열심히 만들잖니." 이처럼 서로 이해하고 공감해야 한다.

또, 싫은 일을 강제로 시키지 말아야 한다. 싫은 일을 강제로 시키면, 점점 더 싫어하게 된다. "공부해!"라고 하지 말고, "30분만 책상에 앉아 있자"는 약속을 해보자. 그리고 아이가 책상에 앉아 있는 동안은 공부를 하지 않아도 혼내지 말고 30분이 지나면 "잘 했어"라고 약속한 시간 동안 앉아 있었던 사실을 인정하고 아이를 자유롭게 해주자.

이러면 책상에 앉아 있는 습관이 붙는다. 습관이 되면 결국은 공부도 한다. 서두르지 말고 끈기 있게 지켜보자. 끈기 있는 아이로 기르기 위해서는 엄마도 끈기가 있어야 한다.

심부름을 시키면 살아 있는 지혜가 몸에 밴다

당신은 아이에게 심부름을 시키는가? 그럼, 어떤 심부름을 시키는가?

심부름은 아이의 성장과 발달에 매우 좋은 영향을 미친다. 시간이 걸리고 귀찮더라도 심부름은 어릴 때부터 시켜야 한다. 심부름을 잘 하는 아이는 정신발달이 빨라 커서도 인간관계에 실패하는 일이 적다고 한다.

일반적으로 심부름이라고 하면, 부모가 '이거 해'라고 지시하는 일을 아이가 돕는 형식이다. 그러나 이것은 심부름의 계기는 될지 몰라도 심부름의 전부는 아니다.

매일같이 신문을 갖고 오고, 신발을 정리하기만 해서는 별다른 발전을 기대할 수 없다. 또, 변화의 여지도 그다지 없다. '됐다!' '해냈어!'와 같은 성취감을 느끼지 못한다. 그러므로 심부름하는 습관이 생기면 조금 다른 형태의 심부름을 생각해보도록 하자.

왜 심부름이 아이의 성장에 중요할까? 직접 손과 발, 몸을 움직이는 심부름을 통해 책상 앞에서는 얻지 못하는 지식을 얻고 몸에 익히게 된다. 그렇다면 구체적으로 심부름을 통해 어떤 점을 익히게 되는지 알아보자.

1. 적극성과 자발성

처음에는 부모가 시키는 일을 하지만 심부름하는 습관이 배면 부모가 시키지 않아도 자기가 알아서 스스로 한다.

2. 적응력과 판단력

다른 말로 하면 임기응변 능력이라고 할 수 있다. 예를 들어 엄마가 식빵을 사오라고 해서 빵집에 갔는데 식빵이 다 팔리고 없었다. 그러면 어떡해야 좋을지 판단을 해야 한다. 다른 빵집이 있으면 그곳에 가본다든지, 아니면 식빵 대신에 롤빵을 산다든지 하는 대처 능력이 있어야 한다. 만약 심부름이 처음이라면 "식빵이 다 팔렸대" 하고 그냥 돌아올지도 모른다. 아니면 식빵 대신 케이크를 사갖고 올지도 모른다.

하지만 심부름을 하는 습관이 배면 왜 엄마가 식빵을 사오라고 했는지 엄마의 마음을 헤아리게 된다. 내일 아침식사 때문이라면 롤빵은 되지만 케이크는 안 된다는 추측을 할 수 있다. 이런 융통성은 살면서 굉장히 중요하다.

우리들은 생활을 하면서 많은 어려운 일에 부딪힌다. 그럴 때 어떻게 어려운 일을 극복해야 할지 생각하는 지혜가 바로 적응력이다. 현명하게 어려움을 맞서는 지혜와 요령이 생기려면 심부름했던 경험이 많은 도움이 된다.

3. 생활 속의 지혜

직접 체험을 통해 여러 가지 일들을 자연스럽게 익힌다.

예를 들어 청소를 돕는다면 청소기는 어떻게 쓰는지, 카페트와 일반 마루를 청소하는 법은 어떻게 다른지, 세제에는 어떤 종류가 있고 어떻게 써야 하는지와 같은 일들을 익힐 수 있다. 또, 요리를 돕는다면 재료나 조리기구의 이름과 사용법을 배운다. 채소를 써는 방법과 조리방법도 알고, 야채나 고기, 생선의 신선도를 구별하는 법도 익힐 수 있다.

4. 요리를 도우면 편식이 없어진다.

스스로 야채를 썰거나 볶으면, 그 요리가 먹고 싶어진다.

또, 자기가 만들었기 때문에 훨씬 맛있게 느껴진다.

5. 가족의 유대관계를 실감한다.

이것은 아주 중요한 일이다. 자신의 행동이 다른 사람에게 도움이 된다는 사실을 알면, 다른 사람에 대한 배려심도 길러진다. 동시에, 언제나 가족을 위해 청소와 밥을 하는 엄마가 얼마나 힘든지 이해하고 감사하는 마음도 생긴다. 또, 상대방이 기뻐하면 본인도 기쁘다는 사실을 경험한다. 이런 일을 통해 가족 간의 유대관계는 더욱 강해지고 연대감이 생긴다.

그러니 적극적으로 아이에게 심부름을 시키도록 하자.

'참는' 경험이 아이의 마음을 성장시킨다

사람이 어떤 행동을 하는 동기는 ① 유쾌 – 불쾌, ② 이득 – 손해, ③ 옳고 – 그름의 세 가지이다.

1. 유쾌 – 불쾌는 태어나자마자 바로 느낀다. 아기는 배가 고프면 기분이 나빠져서(불쾌) 울고, 젖을 먹으면 배가 불러 기분이 좋아져서(유쾌) 방긋방긋 웃기도 하고 잠도 잘 잔다.

이것은 유아가 돼도 마찬가지다. '맛있어 보이니까 먹고 싶어' '재미있어 보이니까 해봐야지' '얼굴에 물이 튀면 기분이 나쁘니까 머리 감는 건 싫어' '지하철 안에서 가만히 있으면 따분하니까 뛰고 싶어' 등, 좋은 일은 나서서 하려고 하지만 싫은 일은 피하려고 한다. 아이가 어릴 때는 유쾌 – 불쾌의 원칙 안에서 거의 모든 가정교육이 이뤄진다.

2. 이득 – 손해에 따른 행동을 생각한다면 가장 이해하기 빠른 것이 돈이다. 사람이 돈을 갖기 위해서 어떤 행동을 하는지 생각해 보자. 유산상속을 둘러싸고 부모와 자식, 형제끼리 싸우고, 공무원이 횡령사건을 일으키고, 돈 때문에 강도 · 사기 · 살인 등의 범죄가 일어나기도 한다.

그 외에도 '건강에 좋으니까 이것을 먹어야지' '장래를 위해 이 책을 읽어 둬야겠어' '저 사람을 알아두면 나중에 득이 될 거야' 등등 지금은 힘들지만 장래를 생각해서 하는 일도 많이 있다. 수험공부나 과외 학습, 스포츠 훈련이 여기에 속한다.

3. 옳고 – 그름은 '옳은 일이기에 한다' '하고 싶지만, 옳지

않기에 해서는 안 된다'는 원칙이다. 법률을 위반하지 않고 도덕적으로 비난받을 행동을 하지 않는 것도 여기에 속한다.

유쾌 – 불쾌의 원칙은 어릴 때부터 본능적으로 몸에 배는데 비해, 이득 – 손해, 옳고 – 그름은 성장하는 동안에 가정·학교·지역에서 교육을 받고 습득한다.

이 과정에서 체험하는 것이 바로 '참는' 일이다. 재미있어 보이고, 하고 싶더라도 '해서는 안 된다'고 하면 참는 체험을 말한다.

사람이 제일 먼저 하는 참는 체험은 배변 훈련일 것이다. 소변을 보고 싶지만 '화장실 갈 때까지는 참아야 한다'는 말을 듣고 실패하기도 하면서 소변을 일정시간 참는 법을 익힌다.

'조금 더 놀고 싶지만 잘 시간이니까 그만 놀아야지' '장난감이 갖고 싶지만 생일(크리스마스)까지 기다려야지' '배가 고프지만 식사(간식) 시간까지 참을 거야' 등 어릴 때부터 일상생활을 하면서 작은 일부터 참는 교육을 시켜야 한다. 이런 체험을 하다보면 아이는 하고 싶지만(유쾌), 해서는 안 되기 (그름) 때문에 그만 두는 법을 배운다.

이것은 부모가 아무리 말로 한다고 해서 익히는 것이 아니다. 부모가 먼저 모범을 보이고 아이가 배우도록 해야 한다.

어릴 때 작은 일부터 참는 교육을 받으며 자란 아이는 초등학생, 중학생이 되어 친구들이 나쁜 짓을 하자고 해도 유혹에 넘어가지 않고 확실하게 거절한다.

얼마나 균형 있게 욕망과 억제를 조절하느냐가 가장 중요한 점이다. 우리들은 누구나 '하고 싶다' '갖고 싶다'는 욕망을 갖고 있다. 그러나 '컴퓨터 게임을 하고 싶지만 숙제부터 먼저 하고 해야지' '장난감이 갖고 싶지만 이번 달은 용돈을 다 썼으니까 다음 달까지 참자'와 같이 욕망을 적절히 조절하는 기술을 배워야 한다.

요즈음에는 어른이 돼서도 이런 욕망을 조절하지 못하는 사람이 늘고 있다. 돈이 없는데도 갖고 싶은 물건이 있으면 사채까지 빌려 쓰다 결국 파산한다든지, 회사에 들어가도 오래 다니지 못하고 쉽게 그만두는 사람들이 많아졌다. 이런 어른으로 자라지 않게 하기 위해서라도 어릴 때부터 참을성을 길러 욕망을 적절히 통제하는 방법을 배우도록 해야 한다.

화를 잘 내는 아이로 키우지 않으려면

화를 잘 낸다는 것은 충동적으로 행동한다는 뜻이다. 그러므

로 자신의 욕망이나 충동을 적절히 조절하는 가정교육을 시켜
야 한다.

　1. 사람은 원래 통제력을 갖고 있다. 그 때문에 보통은 화가
나더라도 참는다. 그 통제력이 몸에 배도록 하는 것이 가정교
육이다. 그러려면 다양한 체험을 시켜야 한다. 좋은 성적으로
좋은 대학, 좋은 회사에 들어가야 한다는 식으로 키우면 인간
으로서 행동하는 능력이 자라지 못한다.
　체험도 스트레스의 원인 가운데 하나이다. 그러나 스트레스
가 된다고 해서 피하기만 하면, 언제까지고 이겨내는 힘은 길
러지지 않는다. 직접체험을 하면서 스트레스를 극복하는 방법
을 익혀야 한다. 간접체험(= 공부, 독서, 텔레비전)만 하고 직
접체험(= 친구들과 몸을 움직이며 놀고, 심부름을 하는)이 적
으면, 스트레스를 극복하는 방법을 학습하지 못하기 때문에 화
를 잘 내는 아이로 자라기 쉽다. 물론, 직접체험만이 아닌, 양
쪽 모두 조화로운 체험이 필요하다.

　2. "해냈어!" "나도 할 수 있어!"와 같은 성취감과 만족감을
느끼는 체험이 필요하다. 이와 동시에 슬프고 분했던 체험도

중요하다. 이 두 가지 체험이 조화를 이루어야 아이가 바르게
자란다.

3. 사랑받고 사랑하는 체험을 해야 한다. '엄마 피부는 부드
러워서 기분이 좋아.' '아빠 무릎에 앉으면 편안해.' 어릴 때
이런 체험을 많이 해야 한다. 사랑을 듬뿍 받고 자란 아이는
따돌림을 당하거나 누구한테 맞으면 '왜 이렇게 슬플까?' 라고
느끼며, 상대적으로 슬픔을 알게 된다. 자기가 싫은 일은 남한
테도 해서는 안 된다는 사실을 아는 아이로 자란다. 이것을 알
면 사람을 사랑할 줄 아는 사람이 된다.

4. 스스로 생각하고 판단해야 한다. 그러려면 부모가 모든
일을 지시·명령하지 말아야 한다. 지시만 받고 자란 아이는
사람을 의지하기 때문에 자주성과 주체성이 자라지 않는다. 초
등학교 고학년, 중학교에서 문제를 일으키는 아이들 대부분 어
릴 때 어른스럽고 말을 잘 듣는 아이였다. 이런 아이들은 여간
해서 자신의 의견을 말하지 않고, 어려움에 부딪히면 어떻게
대처해야 할지 모르기 때문에 자신의 감정, 욕정에 따라 충동
적으로 행동하고 만다.

5. 참는 체험을 해야 한다. 갖고 싶다면 뭐든지 사주고, 하고 싶다면 뭐든지 자유롭게 시키는 것은 문제가 있다. 아이가 갖고 싶어 하고, 하고 싶어 하는 일은 대개 거기서 거기다. 물론 아이의 요구를 받아주는 편이 부모에게는 편할지도 모른다. 하지만 결코 물러서서는 안 되는 일이 있다. 부모는 가정교육의 규칙을 정해놓고, 거기에 맞지 않는 일은 단호하게 거절하는 강인함을 가져야 한다. 아이에게 참는 법을 가르치려면 부모가 의연한 태도를 취해야 한다.

엄한 가정교육이란, 소리치고 때리는 게 아니다. '우린 아이를 때리니까 가정교육을 엄하게 시키고 있다'고 생각하는 사람들이 많겠지만, 때리면서도 응석받이로 키우는 사람도 있다.

참을성이 없고 늘 싸움만 하는 아이를 혼낸다고 해도 효과는 전혀 없다. 먼저, 부모 스스로가 지금까지 아이를 어떻게 교육시켰는지 뒤돌아보도록 하자.

6. 아이를 때리지는 않는가? 체벌을 하면 아이는 자기 생각대로 하기 위해서 힘을 써야 한다고 배운다. 유치원이나 초등학교에서 난폭한 아이로 불리는 아이들 대부분 부모에게 체벌을 받고 있다. 때리지 말고 아이가 납득하도록 말로 타이르자.

7. 아이가 욕구 불만은 아닌가? '엄마 아빠가 날 예뻐해' '엄마 아빠가 날 받아줘'라고 느끼지 못하면, 욕구를 밖에 나가 친구들에게 발산하는 경우가 있다. 아이의 장단점을 있는 그대로 받아들어야 한다. 아이가 친구를 때렸을 때, 부모가 "얼마나 아픈지 너도 한번 맞아 봐!" 하며 때린다고 고쳐지지 않는다. 오히려 반발심이 생겨 더욱 난폭한 아이가 되고 만다.

8. 응석받이로 키우지는 않는가? 아이가 사달라고 했을 때 '사주지 않으면 귀찮게 구니까' '그다지 비싸지 않으니까' 등의 이유로 아이가 조르는 대로 사주는 버릇을 들이면, 아이는 참을성이 길러지지 않는다. '컴퓨터 게임을 하고 싶어' '텔레비전을 보고 싶어' 하고 조를 때 아이가 하고 싶은 대로 놔두면 욕망을 조절하는 힘이 몸에 배지 않는다.

어른들도 감정에 치우쳐 충동적으로 화를 내고 싶을 때가 있다. 그러나 그런 마음을 자제하는 것이 바로 어른이다. 이 자제력은 어릴 때부터 일상생활을 하면서 참는 체험을 통해 익혀진다. 가정교육은 벌을 주는 것이 아니라, 자신의 감정이나 충동을 적절히 조절하는 방법을 가르치는 일이다.

아이와 진정한 신뢰를 쌓으려면

미국의 심리학자인 에릭 에릭슨은 인간이 이 세상에 태어나 맨 처음 얻는 것이 기본적인 신뢰감이라고 했습니다. 혼자서는 아무것도 하지 못하는 아기의 기분이 나빠 보이면 누군가 와서 아기를 기분 좋게 해줍니다. 배가 고파서 울면, 엄마가 와서 젖을 물려줍니다. 기저귀가 젖으면, 기저귀를 갈아줍니다. 심심하면 엄마가 와서 안아주거나, 자상하게 달래줍니다. 아이는 이런 체험을 통해 막연하게나마 이 세상에서 인간은 좋은 존재라는 것을 느끼는데, 이 점이 매우 중요합니다.

갓 태어난 아기가 가끔씩 웃는 표정을 지을 때가 있습니다. 이것을 배냇짓, 또는 사회적 미소라고 하는데 어른이나 아이가 기뻐서 웃는 것과는 조금 다릅니다. 대부분의 엄마들은 아이의 이런 표정을 보고 기뻐하며 아이에게 더욱 가까이 다가갑니다. 즉, 아기의 표정에 반응합니다. 이것이 아기의 정서 발달과 대화 능력 발달에 중요한 작용을 합니다. 아기의 배냇짓에 엄마나 주위 사람들이 반응하지 않으면, 아기는 효과가 없다고 느끼고 웃지 않는다고 합니다. 그러면 아기와 제대로 교류하지 못합니다.

아이를 건강하게 키우려면 특정 어른과 신뢰 관계를 맺는 일이 굉장히 중요합니다. 불쾌·불안할 때, 바로 달려와서 기분 좋게 해주는 사람이 필요합니다. 부모에게 의존해야 할 시기에 충분히 의존하면 부모와 자식 사이에 신뢰관계가 쌓입니다. 이 것이 '애착관계'입니다. 부모와 탄탄한 애착관계가 형성된 아이는 다른 사람과 신뢰관계를 형성할 수 있고, 이는 사회적응으로 이어집니다.

사랑은 상호적입니다. 사랑을 갖고 대하면 아이도 사랑으로 답합니다. 아이는 항상 자기가 부모에게 사랑받고 있는지 아닌지 신경 쓰고 민감하게 느낍니다.

아이는 결국 부모를 떠나 집단이나 사회에 나가야 합니다. 그 때 필요한 것이 부모에게 사랑을 받고 있다는 절대적인 확신입니다. 이것이 아이에게 자신감으로 연결됩니다.

　우리 사회는 '엄마에게 모성애가 있기 때문에 육아는 여성이 하는 게 당연하다'는 생각이 뿌리 깊게 박혀 있습니다. 여성들 스스로의 생각도 크게 다르지 않습니다. 전업 주부는 '일을 안 하니까 아이를 잘 키워야 하는데…'라고 생각하고, 일하는 엄마는 '엄마가 일하고 있기 때문에 아이한테 문제가 있다는 소리를 들으면 안 돼'라는 생각으로 자신을 속박하는 면이 있습니다. 그리고는 자기 혼자만 육아를 부담하는(맡겨진) 것에 불안해하고 초조해하며 힘들어하는 것이 현실입니다.

　아이를 키우는 일은 매우 힘듭니다. 체력, 기력, 에너지가 모두 필요합니다. 거기에 지혜와 요령도 필요합니다. 혼자서 육아를 짊어지지 말고 사회자원을 활용하거나 남편이나 주변 사람들에게 협력을 구한다면, 아이 성장에 좋은 결과가 있을 거라 확신합니다. 가능한 마음을 편하게 갖고 그래도 초조하거나 불안하면 심호흡을 한번씩 하면서 육아를 즐기기 바랍니다.

　마지막으로 이 책을 쓰는 데 도움을 주신 많은 분들께 감사의 마음을 전합니다. 설문에 대답해주신 많은 어머니들, 이 책을 읽어주신 독자 여러분, 많은 협조와 힌트를 준 남편과 아들 부부, 진심으로 감사합니다.